JN057246

作品を原語で朗読したい人たちへ

英語発音とシェイクスピア

ENGLISH
PRONUNCIATION
AND
SHAKESPEARE

For those who want to recite
his works in English

Hideyuki Shimizu

清水英之

小鳥遊書房

【目次】

参考資料
シェイクスピア英語教育授業ノートより

【凡例】

◉ 註は ［　］の数字で示し、該当頁下にそれぞれ記してある。

はじめに

　「コミュニケーション手段としての英語」を教えることが、大学では必須となっています。新設の大学はもちろん国際社会に目を向けた大学改革は国家的プロジェクトといわざるを得ない現状であり[1]、また、それは我が国の大学の危機的状況でもあります。学習院大学文学部イギリス文学科を卒業して以来、私も 40 年以上の歳月を英語教育に費やしてきました。その間の私の英語教育の研究テーマは「英語文学と英語教育の融合」と集約できます。今回の私の人生最後の英語教育改革論のテーマは「シェイクスピアと英語教育の融合」です。何年か前に母校に新学部が誕生したとき、「シェイクスピアはやらない」という主旨のことが新学部宣伝パンフレットに書いてありました。イギリス文学科時代に 4 年間、学科所属の「シェイクスピア劇研究会」で原語上演に携わってきた私にとって、"Cudgel my brains"（脳天を棍棒で叩かれる）されたような一言でした。しかし、こうした日本の英語教育の大きな誤解と矛盾を解決できなかったことも事実です。本書は、日本の英語教育の誤解と矛盾を指摘するだけではなく、今後の英語教育改革に資する提案をすることを目的としています。

　本書は、四つの英語教育改革論を土台に一冊にまとめたものです。第 1 章から第 3 章までは日本の英語教育の問題点を再認識し、問題を根本的に考察し直し、改革の提案を述べます。第 4 章では、シェイクスピアの英語から英語現象そのものを理解しようと試み、次に、シェイクスピア劇の上演および詩の朗読によって日本の英語教育を改革する提案をします。最後に、世界的に人間の精神的成長を促してきたシェイクスピア文学に触れる意義を再認識できるよう示唆しようと試みます。

　それでは、シェイクスピアを英語で朗々と発音している自分を想像しながら、英語発音の未知なる世界へ旅立ちましょう。

［1］一例として東京大学で実施された科研費による「21世紀の大学における教養英語教育の可能性の研究」（2002-2005）が挙げられる。

第1章

日本人の英語はなぜ
ネイティヴに通じないのか？

私はもう70歳を越え、45年間の大学での英語教育に終止符を打ちました。私の実践してきた授業で学生たちの評価が一番高かったのは、英語発音教育です。私の思いは、英語の発音教育など英語学習の初めにおこなうものであり、決して大学で学習するものではないという遣る瀬ない気持ちでした。しかし、このような中学生にこそ相応しい学習を大学生が大いに必要としているという現実は未だに改善されていません。

　この章では、科学的な考察をおこない、英語学習および英語教育に矛盾を感じていらっしゃる方々を読者として想定しています。この章のタイトルを「日本人の英語はなぜネイティヴに通じないのか？」という疑問にしたのは、私の率直な疑問であり、英会話を苦手とする多くの方々の疑問でもあると思います。つまり、この章での議論の目的は、如何にすれば英語を英語らしく発音できるのかという問題に対し、誰でもが納得のゆくような科学的考察をおこない、改善案をなるべく実践的に提案することです。

　私の今までの英語に関する考察から言えることは、英語は日本語とまったく逆の特質を持つ真逆の言語だということです。英語は、日本語ができればできるほど英語との距離が遠ざかっていくという皮肉な結果になりかねない、日本人にとって一番難解な言語といえます。異文化コミュニケーションという観点から言えば、英語は現実的にまったくの異文化といえる言語です。だからこそ、その違いを科学的に理解し、違いを体験的に学習することでしか習得することはできないと思います。

　まず、日本語を母国語とする人が適切な理解と訓練により英語の発音を習得する学習方法を提案します。第1節では、英語のリズムについて考察します。なぜ英語にはリズムという現象が存在するのか、どうすればリズムを習得できるようになるのか、について考えます。第2節では、英語のイントネーションについて考察します。英語は、イントネーション・ランゲージ（Intonation language）に分類されています。私の今までの考察の範囲では、日本人の英語音声学者でさえ、イントネーションという現象を日本語の現象からしか理解できていないし、その重要性についてはあまりにも軽視しすぎていると思います。ここでは、イントネーションの機能を理解し、なぜ英語にはイントネーションが必要なのかについて考察し、そ

の重要性を強調するつもりです。

　この章での考察を通して、英語の発音教育が義務教育である中学校での英語学習の初期段階に実践され、大学では研究のための手段として英語が使用されるよう徐々に英語教育が変化することを願っています。

第1節
英語のリズムについて

　英語にはリズムがあります。その事実は英語学習者なら誰でも知っているはずです。英語教師ならば、アクセントの有無、大きな声で発音するなど、口をすっぱくして指導していることでしょう。にもかかわらず、日本人は声が小さいし、いわゆるカタカナ的発音の弊害によって英語のリズムは結果的に身につきません。この節では、日本語にはない英語のリズムという現象を科学的に理解することに努め、日本語の発音とは根本的に違う英語の発音の特質に気づき、リズムを実践するために必要な方法を提案します。

アクセントのある母音の発音について

　英語の単語学習で必ず指導されることは、英単語には発音上アクセントが存在するということと、その位置を記憶することです。そのアクセントは、「強勢」と呼ばれ、それに注意を払って発音することが重要なのだと誰もがわかっています。

　この場合、「強勢」とは、ストレス・アクセント（stress accent）のことであり、それを「ストレス」とも呼んでいます。そして、英語ではストレスが置かれる部分の発音は、必ず「母音」なのですが、母音と子音の区別が曖昧な学習者もときどきいます。ですので、ストレスに注意を払って単語を発音するとは、ある母音に力を込めて（大きな声で）発音するという

ことを確認したほうがよいと思われます。

大きな声で母音を発音する方法について

英語の発音指導をするとき教師は、「大きな声で読みなさい」と指示を出したくなります。すると、生徒たちは、単語すべてを大きな声で読んでくれます。英語を習いたての中学生たちはこれを見事に実践してくれることが多いです。しかし、実際に要求すべきことは、ストレスのある母音を大きな声で発音することであり、そのように指示を出すべきでしょう。これを実践するだけでも「大きな声で発音される母音」と「小さな声で発音される母音」との違いが明確になり、「強弱のリズム」らしき現象が生じます。しかし、英語の発音と日本語の発音では発声法が違うので強弱のリズムをつける発音方法は日本語の話者には不自然で面倒くさいかもしれません。そのことが原因なのかはわかりませんが、高校生になると誰も大きな声で発音しなくなります。高校での英語教育ではあまり発音をしなかった、というのが大学で私が教えてきた学生たちの体験談です。

腹筋を使って母音を発音する方法

英語母国語話者（これ以降は「ネイティヴ」と記します）は、日本語母国語話者（これ以降は「日本人」と記します）と比較すると声が大きいです。彼らは、とにかく、通常は部屋中に聞こえるような大きな声で話しています。

この現象は、英語音声学の本を読めば明らかになるように、ネイティヴは腹筋を使ってストレスのある母音を強く発音しているのです。腹筋を使うという行為は、腹筋に力を入れて息を吐き出すという行為であり、この方法だとストレスのある母音を発音し続けても不自然にはなりません。

日本語の母音の発音は、腹筋に力を入れて発音する方法をとりません。しかし、英語の母音の発音は、腹筋に力を入れて息を吐き出す方法で発音されます。この点に英語と日本語の発音方法の根本的な違いがあります。

それでは、なぜこの違いが生じるのでしょうか。

腹式呼吸の必要性と声門閉鎖音

　日本語の母音の発音は、「あいうえお」「かきくけこ」と発音するとき、個々の母音を明確に区切って発音します。また、「ka、ki、ku、ke、ko」とローマ字で表記すればわかるように、「子音と母音」という組み合わせで発音します。このような母音の発音方法は、開音節語と呼ばれ、日本語がポリネシア諸語の仲間であることがわかります。ハワイ語の「アロハ」という発音と同類なのです。

　このような開音節語で注目したいのは、「あ」「い」「う」と区切るときに無意識に声門を閉じて息を止めているということです。この現象は、声門閉鎖と呼ばれています。この声門閉鎖は、英語では "glottal stop" と呼ばれ、子音の一種とみなされています。このように日本語の母音の発音は、ポリネシア諸語と同様に、個々の母音を区切るために声門閉鎖が必要な言語なのです。

　一方、英語では、声門閉鎖はほとんど使われません。母音を発音するときの意識は、強い息の吐き出しなのであって、腹筋の動きが必要なのです。英語では、個々の母音を声門閉鎖で、つまり、声門を閉じて区切ることをしないので、二重母音や三重母音という現象が生じます。"I" の発音は、「ア・イ」と区切ることがなく、息を吐き出す過程で「ア」から「イ」に変化させ、息を吐き続けて発音されます。"Hour" の発音では、息を吐き続けながら「アウア」と変化させます。これは、日本人には学習しなければできない未知の発音なのです。

　このような英語の母音の発音をするには、腹筋に力を入れて息を吐き出すことが必要ですが、それにともない自然に必要な呼吸法があります。それは、腹式呼吸による息の吸い込みと吐き出しです。腹筋に力を入れて、つまり、腹筋を徐々に絞りながら息を吐いていくと、息を吸うときに、しぼんだ腹筋が元に戻ります。このように腹筋を縮めたり膨らませたりして横隔膜を上下動させる呼吸法を腹式呼吸といいます。英語では、この呼吸

方が自然な呼吸の方法なのですが、この呼吸法も日本人には学習しなければ身につかないものです。

　このように母音の発音方法でさえ、英語と日本語ではまったく違う方法で発音しています。

英語の子音の機能について

　日本語の母音は、「ア」と発音した直後に声門を閉じて母音の発音を終了します。これが自然になっている日本人には英語の子音の発音が理解できていないことが多いです。とくにこの誤解がカタカナ発音に表れます。"Book" の発音を「ブック」と発音してしまい、これが正しい子音の発音の弊害になっています。中学生向けの英和辞典には、わかりやすいようにという配慮で、必ずカタカナ標記が付されています。これは、明らかに弊害であり、国民的な誤解を招く結果となっています。カタカナ標記で英語の子音の機能を表わすのは通常では無理であるとはっきり知るべきであり、これを改善しなければなりません。

　英語の子音（consonants）の機能は「呼気を止める（stopping）」ことであり、部分的に呼気を止めたり、完全に呼気を止めるために存在しています。ゆえに、"good" は "d" という子音で呼気を止めて、母音の発音を終了させるために必要なのです。"Morning" は "g" で呼気を止めて、母音の発音を終了させるのです。結果として、"Good morning" は「グッド　モーニング」ではなく「グッ　モーニン」という発音になります。この発音に限っては、誰もが音を真似してそう発音しています。それでは、"book" はというと "k" で呼気を止めるので、「ブック」ではなく「ブッ」という発音になりますが、多くの方が「ブック」と発音しています。

　このように、英語の子音の機能を正しく理解することにより、英語の自然な発音に一歩近づけます。英語の自然な子音の発音を妨げているのは、日本語では自然な現象である声門閉鎖であることが理解されます。

母音の発音における日本語と英語の音質の違い

　日本語の母音と英語の母音を個々に比較してみると、その音質にかなり
な違いがあることは明らかです。しかし、この音質の違いを理解し説明し
ようとすると非常に難しいのです。たとえば、"sit" の [i] の説明でさえ「日
本語の「イ」と「エ」の中間の舌の位置で言い、舌の緊張をややゆるめて
言います[2]」となります。この説明はとても適切な説明であり、その通りだ
と思われます。しかし、日本人が実際にこのように発音しようとするのは
困難です。なぜなら、日本語の母音は舌を器用に動かす（緊張させる）こ
とにより調音しているからであり、「舌の緊張をややゆるめる」というの
は不自然に感じられます。日本語ならば呂律が回らないと判断されるで
しょう。

　この両言語の母音の音質の違いを根本的に理解するには、腹筋の緊張に
よる息の吐き出しを必要とする母音発音方法と声門閉鎖を必要とする母音
発音方法との違いを再考することで理解が得られるように思われます。そ
れは、どこを意識して動かすかという意識の違いともいえます。

　英語で腹筋を意識して呼気を強く吐き出す発音は、結果的に「舌を器用
に動かす」意識ではなく、「唇と下アゴを動かす」ことを意識して調音し
ます。ですから、英語の母音の発音は、腹筋、唇、下アゴを意識して動か
す発音方法なのです。ゆえに、舌を動かす意識はきわめて弱く、「舌の緊
張をゆるめる」という現象は「意識してゆるめるのではなく」「自然にゆ
るんでいる」のです。この「舌の緊張がゆるんでいる」という現象は、腹
筋と唇と下アゴに意識が集中するので、声門を瞬時に動かす声門閉鎖を意
識できない結果であろうと推測できます。

　日本語の母音の調音方法は、舌自体と声門を動かすことにより個々の母
音の違いを出しています。舌と声門を瞬時に動かし続けなければ滑舌のよ
い母音の発音はできません。意識は、舌と声門を動かすことに集中するの

---

［2］島岡丘『教室の英語音声学』、研究社、1986、p. 25.

で、とても腹筋だの唇だのを動かす余裕はありません。舞台俳優や歌手やアナウンサーならば、腹式呼吸や唇の動きも意識した日本語の発音を訓練されますが、日常の自然な日本語にはその必要がありません。

英語母音発音記号表 (作成：清水英之)

舌の前後の位置（唇の形） 顎の下げ方	前舌母音 顎と舌を前方にずらす （唇が左右に広がる）	中舌母音 顎と舌は自然な位置 （唇も自然な形）	後舌母音 唇を丸める （顎と舌がやや奥に移動）
顎を若干下げる （若干口が開く）	（1）[i]	（4）[ə] 弱母音 (weak vowel)	（7）[u]
顎を中程度に下げる （口が中程度に開く）	（2）[e]	（5）[ʌ]	（8）[o]
顎を大きく下げる （口が大きく開く）	（3）[æ]	（6）[a]	（9）[ɑ] [ɔ] （米）（英）

日本語：舌を器用に上下動させて母音を発音
英語：舌を動かさず、顎を前後に、上下に動かして母音を発音

　以上、英語と日本語の母音の音質の違いについて考察しました。ちなみに、舌を動かさないで（舌の力を抜いて）「イ」「エ」「ア」と言うと、「イ」と「エ」の中間や「エ」と「ア」の中間と判断される母音を発音することができます。このように、英語と日本語の音質の違いを「意識して動かす部分の違い」として理解しました。

弱く発音される母音

　『英語音声学入門』（竹林滋、大修館書店）や『教室の英語音声学』（島岡丘、研究社）などの英語音声学の本やその他の実用英語学習書を読め

ば、いくつか英単語の発音上の規則が示されています。それぞれの規則を
ながめてみると、かつて私がイギリス人の英語教師レズリー・ヒル（Mr.
Leslie Hill）氏に教えていただいた「単語の発音の規則」が英語音声学上
の細かい諸規則を経験的な立場で単純化したものであると理解できます。
氏の規則は、極めて単純なもので誰にでも理解できるものです。彼の説明
は、「アクセントのくる部分の母音を強く読み、アクセントのこない部分
にある母音は発音しないで、子音を連続的に発音する」というものでした。
これは、概して「弱音」という名称で解説される規則と同じですが、なぜ
弱音になるのかという疑問に解答を与えてくれる実践的規則といえます。
ただし、その際、彼の説明では「子音には [ə] を付けて発音する習慣にし
なさい」と指導されたので「子音を連続的に発音する」という意味は、必
然的に「子音 + [ə]」の発音の連続になることになります。ですから、彼
の規則は、結果的には「アクセントの置かれないときの母音が [ə] に変化
する」という母音の弱音化と言えます。例をいくつか挙げてみましょう。

単語	弱音化される母音	GENIUS の発音記号	OALD の発音記号
wonderful	wonderful	[wʌ́ndər fl]	/ˈwʌndə(r)fl/
vegetable	vegetable	[védʒətəbl]	/ˈvedʒtəbl/
career	career	[kəríər]	/kəˈrɪə(r)/
mountain	mountain	[máuntin]	/ˈmaʊntən/

発音記号は、『大修館 GENIUS 英和辞典』、*Oxford Advanced Learner's
Dictionary:New Edition* による。

　OALD の発音記号表示を見てみると、ヒル氏の説明は、実践的なルー
ルとして理解できるでしょう。[ə] の母音は、「あいまい母音」などと教わ
りましたが、そういう母音がしっかり存在しているかのように思われます。
しかし、結局、アクセントのこない母音は弱音化するという英語音声上の
傾向から結果的に生じてくる現象と考えられます。具体的な現象例につい
てはさまざまな変化が生じるでしょう。たとえば、イギリス人、アメリ
カ人、日本人の英語で変化が認められるように。しかしながら、我々日本

人の英語に関して提言するならば、日本語は「子音＋アイウエオ」式発音を習慣としているので、上記のルールは、英単語の日本語的（カタカナ的）発音を改善するのに大いに効果を発揮することでしょう。

　この節では、日本人には不自然な英語のリズムについて考察しました。以上の考察で英語の発音に関して提案したいことは、次の五点です。

(1) アクセントのある母音を腹筋に力を入れて大きな声で発音する。
(2) 息を吸うときは腹筋の力を緩めて（お腹を膨らませるように）息を吸う。
(3) 単語の最後の子音で息を止め、母音の発音を終わらせる。
(4) 母音の発音は、唇の形、下アゴの動き、腹筋の動きを意識し、舌の力を抜いて発音する。
(5) アクセントの置かれない母音は弱母音 [ə] で発音する。

　以上の点に注意して英語の発音を指導することは、ネイティヴでなくても指導できます。中学校での英語教育で日本人の教師により生徒に英語のリズムを習得させて欲しいと思います。

第2節
英語のイントネーションについて

「イントネーションは大切であると指摘はされながらも、そのパターンについては、疑問文の場合に文尾をあげること、Wh-question は例外であること、それにコンマの前の処理など以外はほとんど指導されていない」[3]

　日本人英語の不自然さの第一位はイントネーションであるとの指摘をある研究書で知ったとき、私は自分の無知を思い知らされました。結局、イントネーションは日本人にとって未だに未知の現象なのだと気づき、これを何とか解明したいと思ったのです。その結果、1996 年に『英詩朗読の研究』という形でまとめ拙著を出しました。この節では、日本人にとって英語のイントネーションがなぜ不自然であるのかを理解し、どうすればイントネーションが身につくかという指導方法について考えてみたいと思います。

イントネーションの定義

　イントネーションとはどのような現象か？　その定義は明確になっています。「文全体に及ぶピッチの変動をイントネーション（intonation）と呼ぶ」[4]という説明が一例です。それでは、ピッチ（pitch）とは何か？　ピッチとは「音の高さ」のことであり、ピッチの変動とは音の高さが変化することです。ピッチの変動については、基本的に二種類あり、高い音から低い音へ変化する場合を「下降調」、低い音から高い音に変化する場合を「上昇調」と呼んでいます。ゆえに、イントネーションとは、英文に下降調や

---

[3] 竹蓋幸生『日本人英語の科学』、研究社、1982、pp. 68-69.
[4] 竹林滋『英語音声学入門』、大修館書店、1982、p. 153.

上昇調の変化をつけることです。これを日本語では抑揚をつけるといっています。

イントネーション・ランゲージ

　世界の言語は、さまざまにピッチの変動を利用しています。一つの単語に数種類のピッチの変動を加え、違った意味を表わす特徴をもつ言語を「音調言語（tone language）」と呼んで分類しています。中国語がその例です。しかるに、英語はイントネーション・ランゲージ（intonation language）に分類されており、ヨーロッパの言語のほとんどがイントネーション・ランゲージとして分類されています。

　イントネーション・ランゲージの定義をもう少し明確にするために以下の引用を見てみましょう。

> Languages that use pitch syntactically—for example, to change a sentence from a statement to a question—or in which the changing pitch of a whole sentence is otherwise important to the meaning are called **intonation languages**[5].

　上記の説明では、ピッチの変動を文に加えることで「平叙文を疑問文に変える」働きをしたり、「別の意味を示唆する」言語をイントネーション・ランゲージと定義しています。

　つまり、英語でいうイントネーションとは文を対象にしている点で中国語の声調（トーン）とは違います。

---

[5] Victoria Fromkin, Robert Rodman, *An Introduction to Language, fourth edition*, Holt, Rinehart and Winston, 1988, p. 91.

下降調のイントネーション

　英文にはイントネーションがつく。日本人の英語にも確かにイントネーションはつきます。中学校で指導されたからです。"Student" に上昇調のイントネーションをつければ、「生徒（学生）なの？」という疑問になることは理解しています。しかし、イントネーションの理解はそれだけでは不十分だったのです。私たちは、下降調のイントネーションに関して何も指導を受けてこなかったのではないでしょうか。なぜなら、下降調のイントネーションという現象は日本語には不自然であり、違和感があり、日本人の脳は下降調のイントネーションを受け入れにくいからだと推測します。

　たとえば、日本語で「東京」は平坦に発音されます。一方、"Tokyo" を英語で発音するとき、おそらく誰もが "To" を高い音で、"kyo" を低い音で発音し、高低の差をつけるでしょう。つまり単語にピッチの変化をつけているのです。この高い音から低い音へ変化するピッチの変動を下降調のイントネーションといいます。音の変化は文字で表現しにくいので、イメージ的に表わすなら「ピーヒャラ」という変化です。ところが日本の共通語としての日本語は「ドン・ドン」という調子で「東京」と発音します。日本人の脳にはこれが自然なのであって、「ピーヒャラ」は不自然なのです。逆も言えます。ネイティヴの脳には「ピーヒャラ」が自然なのであって、「ドン・ドン」は不自然なのです。彼らにとって「ドン・ドン」はリズムなのであって、イントネーションではないのです。

　学生時代に変な経験をしたことがあります。FEN を聴いていたら、米兵家族向けの日本語講座を放送していました。そのとき取り上げた表現は、「おはようございます」でした。ところがネイティヴのその発音はひどいものでした。「ピーヒャララ」という感じで "Ohayo" "gozai" "masu" と発音したのです。そんなの日本語ではない。日本語では「だだだだだ」という感じで発音しなければいけません。その変な日本語に笑ってしまいました。ところが、そのとき、ふと疑問に思ったのです。ネイティヴはなぜ「だだだだだ」と発音できないのだろうか。なぜ「ピーヒャララ」

と聞こえるような発音をしてしまうのだろうか。そこで、私は "Good morning" を「ピーヒャララ」という感じで発音してみたのです。不思議なことに今まで謎であった異文化の世界が開けたように感じました。それ以来、「ピーヒャララ」との格闘が始まり、下降調のイントネーションという存在に気づき、その意味を理解できたとき英語にとって極めて重要な現象だと気がつくことになりました。

イントネーション・パターン

　いろいろ調べてみると、イントネーションはイントネーション・パターンという課題で研究されていることが理解できました。一番理解しやすかった解説書は、W. Stannard Allen 著、*Living English Speech* でした。この本は、私が大学院生だった頃イギリス人のおじいちゃん先生に個人教授をして頂いたときに彼から勧められた本です。日本人の研究書では、渡辺和幸著、『現代英語のイントネーション』が詳細に解説しています。
　Stannard Allen は、英文のイントネーション・パターンの基本は以下のようであると解説しています。

> Broadly speaking, we can classify all the English intonation patterns under two types. Both types normally begin with the first stressed syllable fairly high, and fall step-wise from stress to stress until the last significant (meaningful) stress is reached.[6]

　つまり、文の最初の強勢が「かなり高い音」で始まり各強勢ごとに「徐々に音が下がっていき」最後の重要な意味をもつ強勢に至るのです。渡辺氏の綿密な研究結果においても、文末核音調（文の最後の強勢に付加されるイントネーション）は下降調が一般的であり、非文末核音調（文の最後の

---

[6] W. Stannard Allen, *Living English Speech*, Longman, 1954, p. 39.

強勢以外の強勢に付加されるイントネーション）も予想に反して、「まず下降調、上昇調、下降・上昇調（非分離型と分離型）の主要な基本的音調が中心に使用されている[7]」という結果になり、下降調が文全体に使用されていることが理解できました。

アメリカでアナウンサーの指導に携わっている David Stern 博士の *Breaking the Accent Barrier* というビデオ教材でも Stannard Allen と同じイントネーション・パターンの指導をしています。すなわち、文の最初の強勢がかなり高い音で始まり各強勢ごとに徐々に音が下がっていき最後の重要な意味をもつ強勢に至ると指導しています。この下降調のパターンは、「平坦調」と呼ばれているので日本人は「リズム」と勘違いしやすいと思われます。名前は平坦調であっても実際は下降調なのです。

このように、日本人の脳には未知の現象である下降調のイントネーションこそ英語では自然な現象なのです。

イントネーションの文法的機能

下降調のイントネーションはなぜ英語に必要なのでしょうか。次は、この疑問について考えてみたいと思います。

ここで重要な概念は、音調群という用語です。この用語を理解するために以下の説明を見てみましょう。

In English, information structure is expressed by intonation.(Halliday 1970b:162)[8]

Units of information may or may not coincide with grammatical clauses.[9]

---

[7] 渡辺和幸『現代英語のイントネーション』、研究社、1980、p. 139.

[8] Elizabeth Couper-Kuhlen, *An Introduction to English Prosody*, Arnold, 1986, p. 121.

[9] *Ibid.*, p. 121.

According to Halliday, it is through tonality, or division into tone groups, that the chunking of sentences and texts is achieved. That is, one information unit is realized as one tone-unit. It follows that the more information units there are, the more tone-units there are, and vice versa[10].

　この説明によると、イントネーションに情報構造を伝える機能があり、情報の単位は文法上の節と一致することもあることが理解できます。また、文や文章を一つの固まりに結合するのは音調性、つまり、音調群に分けることなのです。一つの情報単位は一つの音調単位で表わされます。

　上記の説明で理解できることは、話し言葉ではイントネーションが句読点のような働きをして、ある意味を伝える語句を区切っているということです。イントネーションがなければ、音声だけがたよりの会話では文と文、節と節を区切る手段がないということに気づけます。この区切る機能は下降調のイントネーションにあり、高い音から低い音に下がることの繰り返しにより、語句の区切りが音声上判別できると理解できるのです。

　それでは、一文のなかのイントネーションの変動はどうかというと、平坦音調（下降調のイントネーションのこと）を基本とするものの、文中で高い音で始まる新たな下降調が挿入されることに渡辺氏は注目しています。つまり、文の中でもある種の区切りをつけるため幾つかの下降調を用いていることが理解できるのです。以下の例文に関する渡辺氏の分析を見てみましょう。

The Prime Minister of India, Mrs. Gandhi, has now explained why her Government has decided to nationalize fourteen of India's biggest commercial banks[11].

---

[10] *Ibid.*, p. 122.
[11] 渡辺和幸, op.cit., pp. 142-143.

ここで渡辺氏が使用したイントネーションの分類記号をそのまま表記するのは難しいので、下降調と認められる部分で区切ってみると以下のようになります。

(The Prime Minister of India, Mrs.) Gandhi, has (now explained) (why her Government has decided to nationalize) (fourteen of India's biggest commercial) (banks).

このように、一文のなかに下降調の波が五回続いていることがわかります。ちなみに、"Gandhi" は上昇調になっています。これを文法の語順という観点から見てみると以下のようになっています。

（主語）（動詞）（目的節の主語と動詞）（目的節の目的語の修飾語）（目的節の目的語）

もう一例見てみましょう。

The Soviet Ambassador has been to the Foreign Office for the fourth time this week to talk about Mr. Gerald Brooke.[12]

上記の例では、下降調と上昇調が一つの単位となって以下のように文を区切っています。

The [Soviet Ambassador] has been to the [Foreign Office] for the [fourth time this week] to (talk about Mr. Gerald Brooke).

[Soviet Ambassador] [Foreign Office] [fourth time this week] が下降調と上

[12] 渡辺和幸, op.cit., p. 143.

昇調の組み合わせであり、(talk about Mr. Gerald Brooke) は下降調の語句です。ここで、"has been to" について検討してみると、前の "Ambassador" が上昇調なので "has been to" は高い音で始められると推測されますが、いずれにせよ "Ambassador" が上昇調により "has been to" と区切られていることは明白です。これを文法の語順という観点から見てみると以下のように整理されます。

（主語）（動詞句）（副詞句）（不定詞を用いた副詞句）

以上の考察で理解できることは、下降調のイントネーションには、文法上の語順、つまり文の要素を区切る機能があるということです。

膠着語とイントネーション・ランゲージの本質的違い

この点を日本語と比較してみると、日本語には英語における下降調のイントネーションは必要ありません。なぜなら、主語や目的語や動詞を区切るのは付属語（助詞）だからです。このような付属語を使って文の要素を区切る言語を膠着語と呼んで分類しています。つまり、日本語は膠着語なのであり、英語はイントネーション・ランゲージなのです。日本人は、「は」「が」「を」「に」「へ」「で」などを使い、主語や目的語や副詞句などを分けて一つの意味をなす情報単位を伝えています。だから、下降調のイントネーションは不必要であるし、日本人の脳は下降調のイントネーション（高音で始まり徐々に低くなっていく音声パターン）を使う学習をしていないのです。しかし、上昇調のイントネーションは日本語でも使うので認識できます。ここで次のように推論できます。日本人の脳は英語の下降調のイントネーションを聞き分けられないので、日本人の英語学習ではリスニングをしても文法構造を理解できない。つまり、主語、動詞、目的語、補語や副詞句が聞いただけでは区別できず、ゆえに日本語に翻訳するという作業が必要となるのではないでしょうか。

中学校でのイントネーション教育に関する提案

　以上の考察をふまえ、次に中学校での英語教育に関する提案をしてみたいと思います。

　中学生の英語学習は英語を研究するのではなく習うことが目的です。だから、教師が実践してイントネーションを指導する必要があります。研究書ではさまざまな記号を用いてイントネーション・パターンを視覚的に表現していますが、それは研究のレベルなのであって、学習のレベルではありません。もっと聴覚的に理解しやすい方法で指導する工夫が必要です。一つの提案は、下降調のイントネーションを「ピーヒャラ」という祭りばやしの笛の音声イメージで表現することです。文の最後は、終了を表わす下降調のイントネーションになるので「ピーヒャララ」と最後に「ラ」をプラスする。すると、一文における下降調のイントネーションの波は、「ピーヒャラ（主語）」「ピーヒャラ（動詞句）」「ピーヒャララ（副詞句）」というような音声のパターンになります。この場合、「ピー」は高音、「ヒャラ」は中音、「ラ」は低音を表現しています。中音の「ヒャラ」は文が終了しておらず、 次の「ピー」に連結されると疑問を表わすことができます。この抑揚の波を使って、基本的な語順を区切ることに慣れさせることが重要です。以下の例文は、*Sunshine English Course 1*（開隆堂 , 1992）からの引用です。

　　What's ｜ this?
　　　ピー ｜ ヒャラ
　　It's ｜ a pumpkin.
　　ピ ｜ ピヒャラ
　　It's ｜ a big pumpkin.
　　ピ ｜ ピーヒャララ

　　Look at the ｜ beautiful ｜ lanterns!
　　　ピー　　　｜ ヒャラ　｜ラ

They're | my friends, | John and | George.
ピー | ピーヒャラ | ピー | ヒャララ
Let's | go to New York | some day.
ピ | ピー ヒャ ラ | ピーヒャララ

English | was quite strange | to Hikozo.
ピーヒャラ | ピ ピー ヒャラ | ピヒャララ
An officer | wrote something | in a notebook.
ピヒャラ | ピー ヒャ ラ | ピー ヒャララ
One day | an American | talked to Hikozo.
ピーヒャラ | ピーヒャラ | ピー ヒャララ

　イントネーション・パターンには疑問を表わす上昇調もあります。上昇調はいかに表現すべきでしょうか。祭りばやしの笛で表現するなら、「ピーヒャラ・ピー」となるでしょうか。もちろん、この場合も、「ヒャラ」が中音で「ピー」が高音になります。

Is | this | a cap?
ピ | ピ | ヒャラピー
Do you | speak Japanese?
ピヒャラ | ピー ヒャラピー
Do you | clean this room | every day?
ピヒャラ | ピー ヒャラ | ピーヒャラピ

Did you | cook dinner | yesterday?
ピヒャラ | ピー ヒャラ | ピーヒャラピ
Do you | listen to the radio | at home | every day?
ピヒャラ | ピー ヒャラ | ピヒャラ | ピーヒャラピ
Did you | like the Japanese food?
ピヒャラ | ピー ヒャラ ピー

このような提案は一工夫にすぎません。祭りばやしの笛の音色のように、日本人が感覚的に理解できる工夫が必要ではないかというのが私の主張です。

　この節では、英語のイントネーションについて考察しました。膠着語である日本語とイントネーション・ランゲージである英語を比較してみると、言語活動が成立する簡単な原理が理解できるように思われます。それは、「疑問＋解答」という簡単なパターンの脳内活動です。日本語では、「は」や「を」を単語の後につけることにより心理的「疑問」のスイッチが入り、心は必ず「解答」を欲求します。そして「解答」を与えられたとき、心は「あっ、そうか」と納得し精神的に安定するのだろうと思います。しかし、英語には助詞がありません。だからこそ、イントネーションで、つまり音の高い低いで「疑問＋解答」のパターンを実行しているのではないでしょうか。高い音で心理的「疑問」のスイッチが入ると、心は必ず「解答」を欲求する。そして低音で「解答」を与えられたとき、心は「あっ、そうか」と納得し精神的に安定するのではないでしょうか。だとすれば、英語はイントネーションで考えているのであり、イントネーションは単に感情を表現するだけの機能ではないと推測されます。厳密に言えば、イントネーションを学習しなければ、英語で考えることは不可能なのではないかと強く思います。だから、結果として、イントネーションを学習しない英語教育が英語の苦手な日本人を生み出してきてしまったと私は思っています。
この節の最後に問題をまとめておきます。

（1）この節では、とくに下降調のイントネーションについて考察しました。

（2）下降調と次の下降調の間のピッチの変動が語句と語句を区切る役割をしている可能性に触れました。

（3）下降調のイントネーションを義務教育の段階でも理解できるように、「ピー」「ヒャラ」「ラ」という祭りばやしの笛の音色で指導する

ことを提案しました。

（4）膠着語とイントネーション・ランゲージにおける言語活動の違い
　について考察しました。

　大学で 45 年間英語教育に携わってきて、私は、中学生にこそ相応しい
ような英語教育を実践してきました。そして、それが大学生から高く評価
されたのです。何かがおかしい。何かを変えたいという思いからこの論の
執筆に至りました。

　第 1 章では、書店で売られている「こうすれば英語がしゃべれる」的な
主張ではなく、誰でもが一般的に理解できるような科学的考察をおこなっ
たつもりです。ゆえに、読者は英語教育の専門家ばかりでなく学生たちや
生徒たちも含まれることを想定しています。

　この章では、「日本人の英語はなぜネイティヴに通じないのか？」とい
う疑問を解明するため、英語の発音という現象をなるべく科学的に考察し、
改善のための提案をしてみました。第 1 節では、英語のリズムについて考
察しました。なぜ英語にはリズムという現象が存在するのか、どうすれば
リズムを習得できるようになるのかについて考察しました。第 2 節では、
英語のイントネーションを取り上げました。英語は、イントネーション・
ランゲージ（Intonation language）に分類されています。ヨーロッパの言
語は、ほとんどイントネーション・ランゲージに分類されています。ここ
では、とくに下降調のイントネーションについて考察し、日本語のような
膠着語には一般的にみられない現象を理解しました。また、その文法的機
能を理解すれば、なぜ英語にはイントネーションが必要なのかという疑問
に対し一解答を提示できたと思われます。

　以上、この章の議論を通して考察し提案された英語の発音教育が義務教
育である中学校の英語学習に実験的にでも実践され、試行錯誤しながらも
徐々に英語教育が変化することを願っています。

　最後に私事を述べさせていただければ、私の専門はイギリス文学です。
イギリス文学は、その背景となるイギリスの歴史と文化の大きな変化の中
で過去に誕生し、現在も生まれ続けています。そして、この現象は人間が

生きている限り絶え間なく続く現象といえます。私は、日本人として自国の歴史と文化、そしてそれらから発生する日本文学を相対的に見る視点を培うためにもイギリス文学の研究が軽視されるべきではないと考えます。日英の文化という観点から比較すると、日本の歴史と文化はイギリスの歴史と文化と比較し理解するとき、よりよく理解できる可能性が高くなります。

　大学は、このような研究を学生たちとともに楽しむ高等教育の場なのであって、中等教育で本来おこなってほしい英語の発音指導をするための場ではないと強く思います。

第２章

英語はなぜ日本人には難しいのか

日本語と英語の発音上の根本的違い

日本における英語教育は、音声による相互理解という観点から見ると失敗を重ねています。しかし、立派に英語を話し社会で活躍している日本人、また立派に英語を話す日本人英語教師は沢山います。この事実から理解できることは、日本人が英語を話すことは可能だということです。しかし、どうして日本の英語教育は音声でのコミュニケーション能力を育成できずにいるのでしょうか。この問題を解決せずに綿々と従来の英語教育を続けることに教師として納得できない先生方も多々いらっしゃるでしょう。また、多くの学者や英語教師がこの問題に取り組んで研究し成果を発表していることも事実です。この章では、どうして日本の音声面での英語教育は成果を挙げられないのかという問題に終止符を打とうという試みです。

　第1章での考察の結果、日本語と英語の発音上の明らかな違いが浮かび上がりました。それは、声門閉鎖の使用法にありました。声門で呼気を止める方法は音声学的には子音と分類されています。この声門で呼気を止めるという現象が日本語と英語の発音の大きな違いの原因になっています。発話の時に呼気を声門で止めることが当たり前の日本語にとって、声門で呼気を止めることが不自然な英語は、まさに異文化として脳がカルチャーショックを起こす困難な言語なのです。この困難を乗り越えるには、科学的な視点に立って、双方の言語の発声法の違いを観察し、その違いを理解し、異なる現象を学習し、習得する必要があります。

　この章では第1章の考察を深めるために、最初に、日本語と英語の母音の発音についてさらに検討し、その明確な違いを理解します。次に、双方の言語の子音の使用法について検討し、その明確な違いを理解します。最後に、それらの違いを日本の英語教育のなかでいかに教えていくかという具体的な方法を提案するつもりです。

第1節
音節という観点からの日本語と英語の発音方法の違い

　日本語と英語の母音の音質の違いについては、第1章で若干検討しました。注目されるべき事実は、発声法の違いと舌の動きの違いでした。この節では、音節という観点から日本語と英語の発音方法の違いについて再検討したいと思います。

発声法の違い

　第1章では、英語のリズムを生じさせるには腹筋を膨らませて息を吸う腹式呼吸と腹筋を収縮させて発声する必要性を強調しました。この動作により英語の母音は強い呼気により日本語よりも強く発音されることが明確になりました。一方、日本語の母音の発音は、とくに強調しない限り、通常はどの母音も強調せず同等の強さで発音されます。この日本語の母音の発音方法は、腹筋に力を入れる現象ではなく、肋間筋の動きを基に息を吐きながら発声する現象といえます。その区別を明確に言うならば、日本語は胸式呼吸を土台とする発声の仕組みを自然とするのであり、英語は腹式呼吸を土台とする発声の仕組みを自然としています。つまり、日本語の発声は日本人には自然ですが、英語の発声は日本人には不自然なのです。この不自然さが英語の発音の難しさと理解されるし、学習によって克服されなければいけない異文化の現象なのです。

舌の動きの違い

　このような胸式呼吸を基盤とする発声と腹式呼吸を基盤とする発声法の違いは、母音を発音するときの調音器官の問題に関連します。第1章の議論では、日本語の場合は舌をよく動かして母音の違いを調音しており、英語の場合は顎の動きと唇の動きを変化させ母音の調音をしている点を指摘しました。具体的にこの違いを確認するためには、舌を動かさず（舌をだ

らりとさせたまま)「あ、い、う、え、お」と発音してみれば明白になります。明確な母音の区別ができなくなることで英語の母音との音質の違いが感覚的に理解できます。

　ここではさらに、音声学的に「前舌母音(front vowel)」「中舌母音(central vowel)」「後舌母音 (back vowel)」と呼ばれる用語の具体的理解を試みましょう。日本語の場合、「い」「え」「あ」と発音すると、舌が前方に動く(舌の比較的前の部分に意識が集中する) ように感じられます。 一方、「う」「お」は、舌が後に(奥に)動く(舌の比較的奥の部分に意識が集中する)ように感じられるでしょう。その他、「とうきょう」と発音した場合、最初の「う」と最後の「う」は、はっきり発音されず、「とーきょー」のように発音されます。この場合は、表記では「う」ですが、舌の動きに注目すると、舌が前にも後にも動かず(舌の前部にも後部にも意識が集中されず)「お」に近い音になり、この舌の位置が中舌母音と言われる母音の発音であろうと理解できます。しかし、このような舌の動きを英語に当てはめてみるとまったく日本語と異なる現象が浮かび上がります。

　結論的に言えば、英語では舌それ自体を動かさないことが原則ですから、舌の位置を変化させるには、他の部分を動かす必要が生じます。つまり、英語における「前舌」「中舌」「後舌」という用語の実体は日本語と同じではないのです。このことに気づかず日本では日本語の現象を中心に異文化である英語の母音発音をカタカナなどを使ってまねる学習に陥っているといえます。それでは、英語では、どのようにして舌の位置を変化させるのでしょうか。

　英語音声学の本を読めば理解できますが、英語の母音の発音では、「顎の上下動」と「唇の動き」が必要とされます。顎の上下動によって舌の位置を変化させる現象は、「高母音(high vowel)または狭母音(close vowel)」および「低母音(low vowel) または開母音(open vowel)」と呼ばれています。唇については、丸める動きが伴う「円舌母音(rounded vowel)」唇を丸めない「非円舌母音(unrounded vowel)」という分類がなされています。

　しかし、このような分類がなされ一見英語の母音の発音が理解できるよ

うな錯覚に陥りますが、現実は日本人にとって英語の母音の発音は難しいままです。私には、こうした説明は事実を正しく伝えてはいますが、意外な勘違いが生じていると思われるようになりました。それは、「舌を動かさない（舌を弛緩させたまま緊張させない）まま舌の位置を変化させる」という条件で上記の現象を理解しようとする実験で気づかされた母音発音の仕組みでした。

　第一に、舌を弛緩させたまま高母音や低母音を実行しようとすると、必然的に「顎に舌を乗せたまま」「顎を上下動させる」ことになります。つまり、口を狭く開けたり、大きく開けたりすることになります。この場合、顎を若干下に下げて母音を発音してみると「う」に近い母音になり、さらに顎を下にさげると「あ」に近い母音が、さらに下げると明瞭な「あ」に近い音の変化が生じます。しかし、日本語の「う」や「あ」とは明瞭度においてまったく音質が違います。

　第二に、舌を弛緩させたまま、唇を丸めて高母音や低母音を実行してみると、舌が高い位置のときには「う」に近い母音が発音でき、舌を低い位置に動かしていくと「お」に近い母音を発音することができます。しかし、この場合でも、日本語の「うお」とは音質が根本的に違っています。このように試してみると、日本語のように舌自体を動かさなくても顎の上下動と唇の丸めによって母音が変化することに気づかされます。このような発音の仕組みをさらに実行していくと、「あおう」以外の母音を発音することも可能になることに気づけます。

「前舌母音」の「前舌」に関する勘違い

　「前舌」という用語の「前」という定義に注目し、受け口のように「顎自体を前に突き出して」母音の変化を聞いてみると、顎の位置が高い場合は、より「い」に近い母音が発音できるし、顎を低くしていくと「え」から「えあ」のような母音の発音も可能になります。つまり、英語の母音の発音で「前舌」というのは顎を前に突き出す動きにより舌の位置を前に移動させるということなのではないかと気づかされるのです。それでは、「後

舌」とはどういう現象なのでしょうか。

　やってみれば顎を若干奥に引くことはできます。しかし、顎だけを奥に引く動作では母音を発音してみても「う」「お」をより明確には発音できません。そこで、唇を丸める動作を加えて母音を発音してみると、高母音では「う」を、低母音では「お」をより明確に発音できることが理解できました。また、舌を弛緩させたまま「う」「お」に近い母音を発音するためには唇を丸める必然性が確認できました。しかし、この場合も、やはり舌自体を動かして発音する日本語の「う」「お」とは音質がまったく異なっています。つまり、英語でいう「後舌」とは唇を丸めることにより若干舌を奥に引くということなのではないでしょうか。

　このように考察すると、音声学的な用語である「前舌母音」「後舌母音」という用語も日本語の母音発音の常識で理解すべきではないことがわかります。その違いの根本的要因は、「舌を意識的に動かす」か「舌を弛緩させたまま」で母音を発音するかという点であろうと思われます。なお、唇の形という観点から見ると、英語での前舌の場合は、顎を前に突き出すので唇が左右に開くことがわかります。私自身も今まで英語の [i], [e], [æ] の発音のときは「唇を左右に開く」と学生たちに指導してきましたが、それは結果的に生じる見た目の違いであって、本質的な違いではなかったように今では考えています。

　以上、日本語と英語の舌の動きに注目して母音の発音の音質的違いをより明確にしてみました。

英語ではなぜ舌が動かないのだろうか

　前節で英語では「舌を弛緩させたままで母音を発音する」と強調しました。読者のみなさんはこの主張に納得できない方もいらっしゃると思います。私も舌がよく動かないという現象の有無について自分なりに納得のゆく理由を考えてみました。私の担当してきたイギリス文化論では「イギリスの人種」について考察する授業を一コマ設けました。イギリス人は人種的にはコーカソイド中心の集団です。コーカソイドにはじつは三種類の

グループがあり、地中海系コーカソイド、アルプス系コーカソイド、北方系コーカソイドと分類されています。これらのコーカソイドには肌の色、瞳の色、髪の毛の色、頭蓋骨の形、背の高さに違いがあり、一般にイギリス人の特徴だと思われている白い肌、青い目、金髪、長身は北方系コーカソイドの特徴です。イギリスでは北方系コーカソイドはアングロ・サクソン人、デーン人、ノルマン人であり、英語の成立に関わった民族たちです。彼らの居住地域は主に北緯50度以上です。北緯50度以上といっても、ぴんとこないかもしれませんが、北海道の最北端が北緯45度だと知ったらいかがでしょうか。寒いと感じませんか。つまり英語の成立に関わった民族たちはヨーロッパの寒冷地に居住していた人種の集団なのです。

　私の個人的経験を述べさせてください。蔵王にスキーに行ったときの経験です。その日は風が強く、リフトも止まり、私は蔵王の中腹にある山小屋で休憩していました。体も温まり、まだ寒いなか下山しようと滑り始めました。下から吹き上げてくる強風を感じながら何とか滑り降りました。滑り降りて安心していると、リフト乗り場の近くで鯛焼きを売っていたのです。ひとつ買って温かい鯛焼きを口に頬張ると、なんと舌が動かないのです。寒さで舌が動かなくなってあんこが熱くて吐き出してしまいました。そのとき、寒さで舌が動かなくなったのだと思ったのです。

　「英語を喋る人種の人たちはなぜ舌が器用に動かせないのだろうか。北緯50度以上の寒冷地。そうだ、寒さの所為で舌がうまく動かないのではないだろうか」と考えてみたのです。ですから、舌をあまり動かさなくてもよい母音の発音をするようになったのだろうと仮説を立てました。日本では東北地方の方言で「い」とはっきり発音せず「え」に近い発音になるといわれています。その音は英語の [æ] にも似ているといわれています。「だいこん」が「でーこん」と発音されるようです。この発音の特徴も東北地方という比較的寒い地方に居住する人たちの発音上の変化ではないでしょうか。

　話が長くなりましたが、英語では「舌を弛緩させたままで母音を発音する」という傾向の訳をなるべく科学的に理解しようと試みました。読者のみなさんもぜひ考えてみてください。

Cioccolato と chocolat と chocolate

　同じチョコレートなのに、イタリア語では "cioccolato" と綴り、フランス語では "chocolat" と綴り、英語では "chocolate" と綴ります。これらの発音の違いをカタカナ発音で表わすと、"cioccolato" は「チョコラート」、"chocolat" は「ショコラ」、"chocolate" は「チョカリ」という違いが生じます。スペリング上の違いは、"cioccolato" は "o" という母音で終わり、"chocolat" は "t" という子音で終わり、"chocolate" は "te" で終わり発音上は "t" という子音で終わります。この例から大体理解できることは、イタリア語の単語は母音で終わり、これは日本語と同じ発音上の特徴です。一方、フランス語と英語の単語は子音で終わる傾向が多いという現象です。

　このようなスペリングと発音上の違いはなぜ生じたのかと考えてみると、やはり西ヨーロッパの寒暖の差が原因なのではないだろうかと思うのです。前節でコーカソイドの話をしました。コーカソイドには、地中海系とアルプス系と北方系の分類があり、イタリア語は地中海系の言語であり、フランス語はアルプス系の言語であり、英語は北方系の言語です。地中海系の地域はおよそ北緯 35 ～ 45 度に位置し、日本の関東から北海道の緯度に相当します。ところが、アルプス系と北方系はさらに緯度が高く、寒さが厳しいのではと感じさせます。そして、地中海系とアルプス系の寒暖の差を決定づけている環境は何だろうかと考えてみると、アルプス山脈の存在に思い当たりました。つまり、ヨーロッパの言語でも、アルプス山脈より南の地中海の言語は単語の終わりが母音で終わる傾向があり、アルプス山脈より北の言語は単語を子音で終わらせる傾向があると気がつきました。

　単語の終わりが母音であったり、子音であったりする現象に注目すると音節の違いが気になるのではないでしょうか。

音節とは何か

　日本語と英語の発音上の違いを明確化する場合に「音節」の構成の違いが注目されています。音節には一般に四種類あると分類され[13]、以下のとおりです。

　(1) 母音（V）
　(2) 子音＋母音（CV）
　(3) 母音＋子音（VC）
　(4) 子音＋母音＋子音（CVC）

この (1) と (2) のように母音で音節が終わる場合を「開音節」、また (3) と (4) のように子音で音節が終わる場合を「閉音節」と呼んでいます。一般的には、日本語は開音節の言語であり、英語は閉音節の言語といわれています。しかし、この開音節と閉音節という分け方に日本語話者が英語を難しいと思う要因があるのではないでしょうか。

　再度、"book" をどのように発音するか考えてみましょう。発音記号で表記しなくとも、綴りを見れば、この単語が閉音節であることがわかります。つまり、子音＋母音＋子音という形式なので閉音節です。この発音を教えるとき、中学までの英和辞典はカタカナ標記をもちいて発音を示しています。たとえば、「ブック」と表記しています。ですが、もしこのブックを、[bukku] と発音したら母音の [u] で終わるので開音節になってしまいます。この誤解を避けるためにネイティヴが発音をした CD をよく聞いてまねるようにとの指導が必要になります。そこで CD を聞いてみると、"book" は「ブッ」としか聞こえないような発音だと気づきます。確かに、「ブッ」という発音なら日本語でも閉音節に分類されるでしょう。それならば英語でも日本語でも閉音節になるのだから一致しているという

---

[13]「ウィキペディア」（http://ja.wikipedia.org/wiki/%E9%9F%B3%E7%AF%80）「音節」参照.

点で矛盾がありません。しかし、疑問が残るのです。いったい「ク」はどうして消えてしまったのでしょうか。英語を初めて教えられる中学生はこんな矛盾と疑問に悩まされながら、結果的に英語の発音は難しいという印象を持ってしまうのでしょうか。このことについては第2節で検討します。

　英語には二重母音や三重母音があります。"House" の発音は「ハウス」ではなさそうです。英語の場合、"ou" は [au] と発音される二重母音といわれ、一つの母音と理解されます。ゆえに、"house" は、子音＋母音＋子音という構成になり、母音が一つなので「一音節」と判断します。「ハウス」はどうでしょう。もし、[ha-u-su] と発音されれば、母音が三つなので「三音節」と理解されるし、[ha-u-s] のように発音されれば母音が二つになるので「二音節」と判断されます。明らかにカタカナで表記されれば英語と日本語では音節数が不一致になってしまいます。英語の二重母音や三重母音はこのように日本語には対応しないのです。どうすればよいのでしょうか。

　私が英語の発音に非常に興味を抱いたきっかけになった映画があります。Audrey Hepburn 主演の *My Fair Lady* です。"Rain in Spain stays mainly in the plain." をイライザが何度も何度も練習させられているのが印象的でした。これは、[ai] を [ei] に修正することが目的なので理解するのは簡単でした。しかし、とてもショックを受けたのは、ヒギンズ先生がピカリング大佐と母音の話をしている場面でした。それは、「イエアオウ」と聞こえる母音を一息で連続的に発音してしまう事実でした。英語の母音は異なる音を変化させながら一音節として発音できる仕組みになっているのです。だから、二重母音とか三重母音とか五重母音でさえ発音可能なのです。この点で、私がいかに日本語の発音習慣で二重母音や三重母音を理解していたかに気づかされました。日本語の「アイ」にしろ「エイ」にしろ「ア」「イ」や「エ」「イ」という二音節の発音になると常識的に理解しています。この二つないし三つの異なる母音が一音節で発音されるか、または二音節や三音節で発音されるかは明確な違いであり、英語と日本語の母音の発音を異質なものにしている要因だと気がついたのです。

　では、なぜ日本語では「アイ」「エイ」が二音節になるのでしょうか。

声門閉鎖の必要性

　第1章第1節で若干触れましたが、「あい」を「愛」という意味で発音してみると、喉の奥の方で「あ」と「い」を微妙に区切っていることに気づきます。これは、日本語ではあまりにも自然な現象なので無意識におこなわれています。そうではないでしょうか。それでは、喉の奥の方というのはいったいどこなのでしょうか。比較してみると「ん」の位置よりももっと奥の方が動いていることがわかります。そこは、声帯ではないでしょうか。音声学の本を見てみると、声帯を閉じて息を止める方法を「声門閉鎖音」と呼んで、子音に分類されていることがわかりました。つまり、日本語で「あいうえお」を明確に区切って発音するためには声門を閉鎖させて区切ることが必要で、声門閉鎖音という子音の存在が不可欠だったのです。

　日本語は音節が母音で終わる「開音節語」として分類されています。世界の言語はどうかといえば、一般に南方系の言語の発音は開音節が多いようです。「アロハ」というハワイ語がとても親しみやすいです。歴史的な興味で調べてみれば、古代メソポタミアのシュメール語やアッカド語も声門閉鎖音を使用していたらしいのです。ということは、語尾が母音で終わる言語は開音節語ですが、じつは母音の後に声門閉鎖音で音節を区切っていることになります。この現象は温暖な地域の人類にとってあまりにも自然な現象なので無意識におこなわれています。だから日本語でも無意識に「愛」を「あ」「い」と区切って発音していることが理解されます。日本語の明確な母音の発音には声門閉鎖音という子音の存在が不可欠なのです。

　それでは、英語の二重母音なり三重母音、はたまた五重母音をどう理解すべきなのでしょうか。

日本語と英語の母音の発音方法の根本的違い

　日本語で「あい」や「えい」という二つの母音を明確に区切るには声門を閉じるという無意識的動きが必要だと理解できました。それでは逆に

「アイ」「エイ」を一つの音節として発音するにはどうすればいいのでしょうか。"That is the question." しかし、その答えはもう明らかになっています。つまり、声門を閉じないで息を吐き続けることです。声を出し続け「ア」から「イ」へ母音を変化させることが二重母音を一音節で発音するという現象になるのです。日本語でこの現象を確認するためには、「あーい」「えーい」「おーい」[14] と発音してみれば、二重母音化していることが確認できます。つまり、「あ」と「い」を区切らず発音しています。とくに「おーい」という呼びかけは、「おい！」と呼びかけるのとは違うことがわかります。このように理解すれば、英語の二重母音や三重母音は日本語のように声門閉鎖音で区切ってはいけない母音だったのです。この点に日本語と英語の母音発音の根本的な違いがあると徹底的に気づかされるのです。

　これまでの議論を要約すると以下のようになるでしょう。

（1）日本語と英語の母音を発音するときの発声法と舌の動きに違いがあります。
（2）音節という観点から分析すると日本語は開音節、英語は閉音節に分類されています。その大きな違いの要因は、声門閉鎖音の有無です。

以上、第1節では、日本語と英語の母音の音質の違いについて再検討しました。

---

[14] 西野博二「日本語の音節は本当に開音節か？」（http://www.asahi-net. or.jp/~va4h-nsn/syllable.htm）参照.

第2節
英語と日本語の子音発音の違い

　第1節では、日本語と英語の母音の発音について検討し、その違いを明確化しました。その結果、声門閉鎖音を意識すれば、「子音＋母音＋子音」という発声の機能は両言語とも同様であることが理解できました。この節では、子音に焦点を当て日本語と英語の発音上の違いを再確認してみましょう。

声門破裂音と声門閉鎖音は子音と理解する

　ハワイ語のようなポリネシア諸語は開音節を特徴とし声門破裂音や声門閉鎖音の存在が認められています。声門破裂音とは一度声帯を閉じて息を止めてから母音を発音するときに生じます。「あ」という母音の発音は、「声門破裂音＋母音」という構成になっています。一方、声門閉鎖音とは母音を発音した後に声帯を閉じて母音の発音を終了するときに生じます。「あ」という母音の終了は「母音＋声門閉鎖音」という構成になっています。英語音声学では、この声帯を閉じる現象は子音と理解されており、[h] が発音記号として使われています。とくに声門破裂音は [h] で表わされることが通常です。たとえば、"hah" というスペリングは「はあ、おや、ほう」という意味を表す感嘆詞ですが、日本語では「ハー」というような発音となります。アルファベットの "h" を「声門を閉じる」ことを表わす記号だと理解すれば、"hah" は「声門破裂音＋母音＋声門閉鎖音」という音節の構成です。これは日本語の「あー」と同じ音節構成といえます。「あー」の発音は「声門を閉じてから母音を発音し、声門を閉じて終了する」からです。つまり、「声門破裂音＋母音＋声門閉鎖音」という音節の構成になるわけです。この観点から察するに、日本語と英語の発音は声門破裂音および声門閉鎖音を子音と理解するときに、音節構成が完全に一致しているといえます。

子音の役割再考

　日本語でも英語でも子音の役割は同じです。すなわち、「呼気を止める、または、止めようとする」行為です。この点に注意すれば、母音の発音のためには、初めに「息を止める」次に「母音を発音する」最後に「息を止める」という過程が必然といえます。つまり、音節とは、必然的に「子音＋母音＋子音」（CVC）なのです。文字の観点から見れば、母音で終わっていると判断し開音節だと分類できますが、発音の観点から分析すれば、すべての言語は閉音節といえます。開音節語であろうとも、声門閉鎖音という子音で最終的に呼気を止めていることを否定できません。この仮説は、結構ユニークな見解だと思います。手前味噌ですが、この気づきはもしかすると世界的な発見かもしれません？？？

　日本人にとって英語の発音が困難だと感じられる原因は、閉音節での最後の子音が「呼気を止める役割である」という現象に気づけなかったからだと思うのです。実際、英語では声門閉鎖音以外の子音で母音の発音を終了する場合がほとんどです。ここで、再び"book"の発音に注目しましょう。"Book"の発音がCDを聞くと「ブッ」のように聞こえるのはどうしてでしょうか。それは、"k"という子音で呼気を止めているからです。"Good"の発音が「グッ」のように聞こえるのは"d"という子音で呼気を止めているからです。さらに、"morning"の発音が「モーニン」のように聞こえるのは"g"という子音で呼気を止めているからです。したがって、"Good morning"は「グッモーニン」のように聞こえるわけです。この子音の役割を理解せず、「ブック」「グッド」「モーニング」とカタカナ標記してしまうことが日本人にとっては英語の発音をそもそも誤解させる根本原因なのだと気づきました。子音の役割を科学的に説明すれば、中学生には十分理解でき、英語の発音が上達する可能性は十分あります。

'With a little bit of luck' の分析

　先に言及した *My Fair Lady* は、ロンドン訛りを標準英語に修正する物

語でもあります。同じロンドンに居住しながら人々の英語の発音は少々異なっています。たとえば、"with a little bit of luck" という語句は、「ウィヴァリル　ビッ　ア　ラッ」のように発音されます。コックニーで "th" を "v" で代用するのは驚きですが労働者階級の人たちは "th" の子音を持たない民族なのです。この点は、日本人と同様だとわかり私は親しみを感じます。

　さて、問題は、声門閉鎖音です。じつは、ロンドン訛りの特徴には「声門閉鎖音」を使うという現象があります。その例が、先の語句です。この例では "t" と "f" という子音が声門閉鎖音で代用されています。ゆえに、声門閉鎖音を "-" で表わすならば、"li-le bi- o- lu-" と発音されています。この違いは、日本人にはおそらくまったく聞き分けられない違いでしょう。なぜなら、英語はリズムとイントネーションが重要であり、リズムが正確ならば同じように聞こえるからです。違いは、"t" と "f" という子音で呼気をとめるか、それとも声門閉鎖音で呼気を止めるかの違いにすぎません。"Rain" を「ラーイン」と発音すれば、日本人でも母音の違いは認識できます。しかし、子音の違いになると、声門閉鎖音を意識しなければ、その区別は非常に理解しにくいのです。

How kind of you to let me come.

　My Fair Lady のなかで、"How kind of you to let me come." を発音練習している場面があります。ここで問題にしたいのは、"kind of you" の "f" と "let me come" の "t" が声門閉鎖音になるという現象です。カタカナで表記すれば、「カインダ　ユー」や「レッ　ミ　カム」になってしまうことです。この場面の直後に、"a cup of tea" の発音を練習する場面があるのですが、これも "f" が声門閉鎖音になり「アカッパ　ティー」のように発音されます。これらのロンドン訛りはもちろん通じる英語の発音なのです。だから特別矯正する必要があるのかどうかはまた別の問題ですが、声門閉鎖をせずに "f" や "t" という子音で呼気を止めるのが本来の英語の発音なのです。

このようにコックニーはロンドンで通用しているにもかかわらず、日本語と同様、「呼気を止める」という「子音」の役割を「声門閉鎖音」で代用していることが私には理解できました。

日本語と英語の子音の使用法の根本的違い

　これまでの考察で子音について明らかになったことは、日本語と英語では子音の使い方が明確に違うという事実です。以下のようにまとめてみましょう。

(1) 日本語の「あいうえお」の発音は開音節と分類されていますが、実際の発音上は「声門破裂音＋母音＋声門閉鎖音」という構成になっている。

(2) 英語の単語の多くは閉音節であると分類されており、実際に「子音＋母音＋子音」という音節構成が多い。

(3) 日本語の「かきくけこ」のような発音は「子音＋母音＋声門閉鎖音」という音節の構成になっている。

(4) 英語の "a" "e" "i" "o" などを含む単語の発音は「声門破裂音＋母音＋子音」という構成が考えられます。この場合、最後の子音はコックニーのように声門閉鎖音で代用される可能性もあります。

　このように確認すると、日本語と英語の子音の使用法に一つだけ特徴的な違いが確認できます。それは、音節の最後で呼気を止めるのが「子音」であるか「声門閉鎖音」であるかという根本的な違いです。日本人には、「子音で呼気を止める」という習慣は、その現象を意識し、練習し、学習しないと自然にはできません。この現象が日本人の英語の発音を困難にしている根本的原因だと理解できるのです。

第3節
英語の発音教育方法について

　これまでの各節で、日本人が苦手とする英語発音と日本語発音との違いを明確化してきました。この節では、それらの違いを意識し、如何に教育するかという方法について検討してみたいと思います。

母音の発音を教える工夫

　英語の母音を発音するためには以下のことを実行する必要があります。

（1）お腹を膨らませて息を吸い、腹筋に力を入れて息を吐き出し母音を発音する。

（2）舌を動かす意識を完全になくし、代わりに、顎を上下動させ、唇を丸める動きを意識する。

（3）前舌の母音 [i][e][æ] は顎を前方にスライドさせるように発音する。

（4）後舌の母音 [u][o][ɔ] は唇を丸めて発音する。

（5）二重および三重母音は、声門を閉じて区切らずに発音する。

　このことを英語学習の初めに指導することは可能です。私も現在中学生を対象に実験しています。要は、英語をリズムよく発音することが目標なのです。

子音の発音を教える工夫

　英語の単語や語句の発音を英語らしく発音するためには、以下のような子音発音の指導が必要となります。

（1）英単語の音節の最後に子音がある場合は、その子音の形を実行し呼気を止める。その場合、「ブック」であれば、「ク」を頭のなかだ

けで発音し実際には発音しない。

(2) 語句の発音で、前の単語の音節が子音で終わり、次の単語の音節が子音で始まる場合は、前の子音で呼気を止め頭のなかだけでその子音を発音する。

(3) 語句の発音で、前の単語の音節が子音で終わり、次の単語の音節が母音で始まる場合は、前の子音と次の母音を連続的に発音する。

このことを指導できれば子音の処理が英語らしくなり、リズムが刻みやすくなります。

英語のリズムを教える工夫

英語のリズムを実際に習得させるのにどんな教材を用いれば良いかについて提案したいと思います。私は、学習院大学文学部イギリス文学科の学生時代から英語朗読活動に携わってきました。当時はゼミ担任でもあった荒井良雄教授の下でナーサリー・ライムズや英詩、英語の短編や演説、聖書等を英語で暗誦朗読する活動をしていました。そのような経験のなかで、英語学習は欧米の子どもたちが学ぶナーサリー・ライムズで始めるのが最善ではないかと考えています。これまで私が担当した授業でも英語発音の導入は以下のようなナーサリー・ライムズを使用してきました。

(1) Pat a cake, pat a cake, baker's man
(2) Humpty Dumpty
(3) Peter Piper picked a peck of pickled pepper
(4) This is the house that Jack built[15]

例として、"Pat-a-cake, pat-a-cake, baker's man" を取り上げてみます。

---

[15] 次のYouTube 動画をご視聴ください：Hideyuki Shimizu: This is the house that Jack built

Pat-a-cake, pat-a-cake, baker's man,

Bake me a cake as fast as you can;

Pat it and prick it, and mark it with T,

Put it in the oven for Tommy and me.

（1）強勢のある母音の学習

前舌母音：

    [æ] の練習：pat, man, can

    [ei] の練習：cake, baker, bake

    [i] の練習：prick

    [i:] の練習：T, me

中舌母音：

    [a:] の練習：fast, mark

    [ʌ] の練習：oven

後舌母音

    [u] の練習：put

    [ɔ] の練習：Tommy

（2）子音と母音を連続して発音する学習

    [t] ＋ [ə]：pat-a, fast as, it and

    [k] ＋ [ə]：cake as,

    [t] ＋ [i]：pat it, put it in

    [k] ＋ [i]：prick it, mark it

    [z] ＋ [j]（半母音）：as you

（3）子音で呼気を止める学習

    [k]：cake, bake me

    [z]（呼気を完全に止めることはできない）：baker's man, as fast

    [n]（呼気を完全に止めることはできない）：man, can, oven, in the

[d]：and prick, and mark, and me

[t]：it with

[ð]：with T

(4)　母音と母音を二重母音化させる学習

[i] + [ə]：me a, Tommy and

　以上、ナーサリー・ライムズを使って発音練習する例を提示してみました。欧米の子どもたちが日常学習する教材で楽しく文化を学びながら発音練習することが可能です。

　立派に英語を話せる日本人や日本人英語教師は多いにもかかわらず、日本における英語教育は社会の批判を浴び続けています。どうして日本の英語教育は音声でのコミュニケーション能力を育成できないのでしょうか。こんな問題の解決がこの章の目的でした。今日まで多くの学者や英語教師がこの問題に取り組んで研究し成果を発表しています。こうした努力を無駄にしないためにも、今までのさまざまな研究成果を踏まえて、この問題に終止符を打とうと試みました。

　私のこれまでの英語教育の経験も踏まえ、日本語と英語の発音上の明らかな違いを明確にできたのではないでしょうか。それは、声門閉鎖音の使用の有無にありました。声門で呼気を止めるという現象が日本語と英語の発音の大きな違いの原因であったと結論したいと思います。発話のときに呼気を声門で止めることが自然に実行されている日本語にとって、子音で呼気を止める英語は、まさに異文化の言語といえます。しかしながら、声門閉鎖音をしっかり子音と定義するなら、開音節語である日本語も CVC という構成を持つ閉音節語であると理解でき、世界の言語はすべて CVC であろうという仮説が成立すると思われます。

　以上、この章では、日本語と英語の母音と子音について比較検討し、英語が基本的に腹式呼吸を基盤に強く呼気を吐き出し発声する言語であることを再確認しました。したがって、その強く吐き出される呼気を止めるた

めに子音の働きがあることを再確認しました。一方、日本語は基本的に胸式呼吸を基盤とする穏やかな呼気の吐き出しにより発声する言語であり、母音の発音を止めるのは声門の閉鎖であることが再確認できました。

　これらの言語上の現象的違いを何とか乗り越え初期の英語学習を改善する提案が多少なりともできたのではないかと思います。最後に一言加えるならば、元学習院大学文学部イギリス文学科教授荒井良雄先生の「英語は使えば上達する」という簡潔な教えに説得力を感じざるをえません。

日本人が英語で考えられない原因

語順の違いと英語音声の特質

現在の英語教育の現状を少しでも把握するために、私が担当していたクラスの受講生37名に自由記述でレポートを書いてもらったことがあります。これはけっして調査のための課題ではなく、レポートを書く学習としておこないました。課題のテーマは「私と英語」、四つの項目別に自由に意見を記述する方法をとり、私が参考にさせてもらった項目は以下の三つです。

　　1　私が受けた英語教育について
　　2　私が英語を学ぶ目的は何か
　　3　大学生のうちにどのような英語学習をしたいか

四つ目の項目は「私が将来送りたい人生について」というテーマでしたが、この質問の意図する所はいわゆる「ライフプラン」というキャリア教育のテーマでした。
　これらの三つの項目を検討した結果、以下のような私の疑問に関する情報を得られました。

　　1　英語学習を始めた時期
　　2　1年以上英語圏で暮らした経験がある
　　3　中等教育期間中に1年以上英語圏で留学した経験がある
　　4　英語を学ぶ目的は何か
　　5　大学で勉強したい英語学習は何か
　　6　中学校、高等学校での英語教育の内容と印象

この疑問に関する学生の情報から、学生たちが今の時点で重視しているのは主に「コミュニケーション」という言葉で表現されている能力であり、学生たちは英語で話したいと強く望んでいることが確認できました。
　本章では、「英語で話したい」という学生たちの思いがなぜ実現しにくいのかについて考察したいと思います。また、一般的に日本語の母国語話者が英語音声での情報交換を苦手とする根本的理由について考察してみた

いと思います。第1節では、上記の学生からの情報を整理し、学生たち
が「英語で話したい」という欲求を抱くようになる過程を理解してみます。
第2節では、英語と日本語の語順を比較し日本人が英語で話すことを困難
にする原因を明確にしてみたいと思います。第3節では、その対策を考え
日本の英語教育に提案できる新しい工夫を考えてみたいと思います。

第1節
学生たちが受けてきた英語教育の現状

　先の学生のレポートから日本の英語教育の現状が多少なりとも理解でき
ました。六つの項目に関して得られた意見を以下のように整理してみまし
た。

英語学習を始めた時期

　2011年の4月から小学校の英語教育は5年生から必修として始められ
ました。2019年には小学校から英語を学習した学生たちが大学に入学し
てきています。ですので、2023年の時点では学生全員が小学校から英語
を学んでいるはずです。2013年におこなったレポートからは37名中23
名の学生が小学校から英語を学んでいることがわかりました。そればか
りか、小学校以前に英語を学び始めた学生が8名もおり、中学校から英
語を学び始めた学生は13名でした。後の1名は留学生でした。この結果
から当時でもすでに小学校から英語を学び始めた学生が多いことがわかり
ました。

1年以上英語圏で暮らした経験がある

　2013年度前期の授業で印象に残ったことは、英語の発音が上手な学生

がいるということでした。上記のレポートから1年以上英語圏で暮らした経験のある学生が4名いることがわかりました。さらに、中等教育期間中に1年以上英語圏に留学した経験がある学生が3名いることがわかり、とくに高等学校にそうした留学制度をもっている私立高等学校の存在を意識させられました。このように、「外国語の音声や基本的な表現に慣れ親しませながら、コミュニケーション能力の素地を養う」という新学習指導要領の外国語活動の目標は、すでに実践され大学の教室にも変化をもたらしていることを現場の教師として実感できました。

英語を学ぶ目的は何か

大学の英語教育は現実としてTOEIC受験指導へと変化しています。これは言うまでもなく、英語教育に携わる出版社からTOEICの指導を目的とする教科書が多数出版され、実際に使用されている現実がこの変化を証明しています。つまり、大学側が提供している英語教育の目的はTOIEC受験に特化されてきているのです。ここで注意すべきことは、TOEFLではなくTOEICであることです。TOEFLはアメリカの大学に留学する条件となる英語試験ですが、TOEICはビジネス社会で活躍するための条件となる英語試験です。まだ、意見を述べるのは早いかもしれませんが、TOEICではlisteningとreading能力が試されspeaking能力は試されません。これは皮肉な現実ですが、TOEICで900点という高得点を挙げてもspeakingが苦手という人がいます。そのことは英検2級を持っていても英語が話せない人が多いのと現象としては同じでしょう。ゆえに、大学側が提供する英語教育の目的は学生が求めている目的と一致しないこともありえます。大学側の目的は、率直に言ってしまえば、産業界の要請に応えようとする姿勢から生じています。しかし、残念なことに産業界が欲しい人材は英語を流暢に話す、つまり、speakingのできる社員なのです。

では、授業のレポートを読んで理解できた学生側の目的について触れてみましょう。一番多かった理由は「英語を使ってコミュニケーション

する」（32名）でした。次に、「企業のグローバル化のため英語が必要」（13名）、さらに「異文化交流のため」（9名）となっていました。この結果から見ても、学生たちは「英語を使ってコミュニケーションする」ことを目的としていることが明白になります。それでは、この学生たちの英語を学ぶ目的に大学側の英語教育は対応できているのでしょうか。またまた、"That is the question" という疑問が生じます。ただ TOEIC の学習を提供するだけでは学生たちの目的を叶えるには不十分です。問題は、speaking にあります。

大学で勉強したい英語学習は何か

　大学側が学生の満足度を気にせざるをえない状況になりつつあります。大手の大学も例外ではありません。地方の小規模大学ではもはや学生募集停止に追い込まれる大学が出てきています。学生のニーズに応えることが「満足度」を気にする目的であれば、英語教育も学生のニーズに応える余地は十分あります。学生たちのレポートから理解できた学生のニーズは「speaking」が最も多く、30名の学生たちが「英語で話す学習をしたい」と要望していました。他には、「TOEIC の学習」（10名）、「listening」（7名）、「discussion」（5名）、「grammar」（4名）、「pronunciation」（4名）、「reading」（3名）、「word」（3名）となっていました。このように学生たちが大学で学びたい英語学習は「英語で話す」学習であることに集中していました。単純な結論ではありますが、学生のニーズに真摯に応えようとするならば学生が英語で話す機会を大幅に増やす改革をすることになるでしょう。授業からクラブ活動に至るまで学生が（学生中心の学習という観点から）英語で話す機会を増やしてあげられるのは教師の配慮以外にはないと私には思われます。

中学校、高等学校での英語教育の内容と印象

　先の学生の意見からわかるように学生が望む英語学習はspeaking力アップの学習なのです。しかし、そんな学生たちは過去の英語教育において「英語で話す」学習をおこなってこなかったのでしょうか。この疑問に関する学生たちの記述をまとめてみると、中学校や高等学校で彼らが受けてきた英語教育の内容が理解できてきます。彼らが中学校の英語教育で学習したと思っている内容は、「文法と単語」(9名)、「リスニングとリーディング」(5)、「日常会話と文法」(5名) という順位になり、speakingはとくに記されていませんでした。高校での学習内容になると、「受験勉強」(13名)、「文法と単語」(8名) となり、「実践的でない」、「アウトプットが足りない」などの批判的意見もありました。とくに印象に残った意見は「ALTの授業でも生徒は日本語を話していた」であり、英語で話す学習はなかったとの感想を持たざるをえませんでした。英語を話したいのに話す学習ができなかったという学生たちの欲求と不満が大学でspeakingを学習したいという希望と関連していることは明らかです。

　この節では、学生からのレポートをまとめ、中等教育と高等教育における英語教育の現状を把握することに努めました。37名という少人数なので「調査・研究」という名には値しない作業ですが、英語教師が個人的授業改革をするための参考にはなるでしょう。しかし、ここで一つの意見を述べておきたいと思います。それは、「日常的なコミュニケーションの英語」と「読書のための英語」は英語史という観点から理解すると種類の違う英語であるという事実です。ブリテン島にはもともと英語という言語は存在しませんでした。アングロ＝サクソン人の渡来する以前には先住民としてのイベリア人やケルト人、のちに彼らを支配したローマ人などがおり、彼らはブリテン島でケルト語やラテン語を話していました。英語の元となるアングロ＝サクソン語にしても、のちにデーン人の古ノルド語、ノルマン人の古フランス語が融合する結果としてシェイクスピア時代に現代英語の基礎ができあがりました。このような複雑な民族と言語の歴史を経て英

語が存在しているのですが、主な英語の語源はといえば、それはゲルマン語とラテン語です。ゲルマン語は現代ならばドイツ語や北欧語であるし、ラテン語は現代ならばイタリア語やフランス語です。イギリスでは一般人はゲルマン人が中心であり、日常会話の英語はゲルマン語（比較的短い単語）が中心です。ところが文化的内容になると（教養が高くなると）ラテン語を語源とする単語（比較的長い単語）が中心となってきます。このことを再認識すれば、中学校で会話中心の英語を学習し、高等学校では読書のための英語を学ぶことは当然といえるのです。さらに大学では、もっと専門的な読書をするのですからギリシャ語やラテン語を語源とする難しい単語の学習が必要となります。では、speaking はどうなのでしょうか。当然これも積み重ねの学習が求められます。中学校で日常会話が楽にできる会話能力を培って欲しいのは大学教員としては当然の思いです。そこで躓いていては、大学教育のための難解な英語講読はできないし、日常会話もできない学生たちを相手にしなければならなくなります。それが、つまり、英会話も英文読解も苦手な学生たちを相手にしていることが今の大学の英語教育の現状なのです。中学校で "How do you do?"、"Nice to meet you." と学び、大学でもネイティヴから "How do you do?"、"Nice to meet you." と学ばなければいけないような結果となっています。この矛盾を整理し解決することなく国家として英語教育を改善することは不可能です。ましてや、合理的な解決策を立てずに、この問題解決を少子化による経営危機と抱き合わせで大学にだけ押しつけてくるとすれば、単に英語教育の失敗では済まなくなります。幾つの大学が募集停止に追い込まれるのだろうと心配するばかりです。

　解決策はあります。Speaking とは英語を声に出して発音することです。日常会話から読書まで英語を発音して学習すればよいことです。ちょっと声を出す勇気があれば誰でも自己英語教育改革ができます。

第2節
英語で話すことの難しさはどこにあるのか

　英語と日本語の発音の根本的違いについては、第1章「日本人の英語は
なぜネイティヴに通じないのか?」、第2章「英語はなぜ日本人には難し
いのか:日本語と英語の発音上の根本的違い」で考察してきました。さら
にこの章で私が議論したいのは、日英語の文法上の違いを再確認すること
と、イントネーションの思わぬ働きについてです。この文法上の相違とイ
ントネーションとの関係性を意識化し、英語を声に出して発音する訓練を
重ねることにより、日本語話者の誰でもが英語で考える能力を培えます。

語順の違いを確認する

　中学校の英語の授業で必ず説明しなければいけない文法事項に語順の違
いがあります。"I am a student." にしろ "John plays tennis." にしろ「私」「で
ある」「生徒」、「ジョン」「する」「テニス」という語順であるので日本語
で意味を理解しようとすれば、「私」「生徒」「である」、「ジョン」「テニ
ス」「する」と並べ替えなければなりません。「私である生徒」とか「ジョ
ンするテニス」と理解せよなどと指導をするのは馬鹿げています。ですか
ら、このような英語を日本語の語順に並べ替えて意味を理解するという学
習が、私がかつて中学生であった頃も 70 歳を越えた現在でも変化するこ
となくおこなわれています。この現状維持は残念ながら先の学生のレポー
トからも再確認できました。もっとも、私がときどきおこなっている翻訳
の作業のことを考えれば、英語をわかりやすい日本語に翻訳することは、
この作業自体が本質的に英語教育の障害となるわけではありません。しか
し、漢文の授業と同じように、英語を自文化中心主義という意味で日本語
に変換してから意味を理解するという脳内のプロセスは、文化人類学的に
言って、他の民族の言語を尊重していることにはなりません。そもそも異
文化である英語を理解するとは、英語の語順のままで意味を理解すること
に他ならないからです。

以下に、例をあげて語順の違いを確認してみましょう。

(1) How do you do?
「いかに」「あなた」「すごす」

(2) It's nice to meet you.
「それ」「です」「すてき」「会う」「あなた」

(3) I went to London last summer.
「私」「行った」「に」「ロンドン」「去年の夏」

(4) Sunshine makes me happy.
「太陽の光」「する」「私」「幸せ」

(5) Mary presented me this scarf last Christmas.
「メアリー」「プレゼントした」「私」「このマフラー」「去年のクリスマス」

(6) I wondered lonely as a cloud.
「私」「さまよった」「ひとり」「ように」「雲」

(7) Shall I compare thee to a summer's day?
「私」「喩える」「君」「に」「夏の日」

(8) Fore score and seven years ago our fathers brought forth on this continent a new nation.
「4」「20」「と」「7年前」「私たちの父親たち」「もたらした」「に」「この大陸」「新しい国」

　ここで確認しただけでも、「形容詞と名詞」の連続以外は嫌というほど語順が違います。日常会話から文学や演説に至るまでこの違いは一貫しています。ゆえに、英語で考える能力を身につけるためには、日本語の語順に変換する脳内の思考プロセスが弊害になるだろうという意識を持つことが初めの一歩です。

膠着語とイントネーション・ランゲージの違い再考

　前節で語順の違いを確認しましたが、これを如何に克服すれば良いのか。
"That is the question."

　まず、語順の違いについて再確認すると、それは、単語レベルの順番
の違いであることがわかりました。日本語で考えるためには、これらの
単語を最低でも三つの語群にまとめる必要があります。その語群とは、
もちろん、「主語句」「動詞句」「副詞句」です。念のために、ここで、「句」
とは一つの意味をなす一連の単語群と定義しています。日本語では、これ
らの語群を分けるために必要な文法的要素は助詞です。主語ならば「は」
「が」、動詞の目的語ならば「を」、副詞句ならば「へ」「に」「で」などを
つけて思考に必要な語群に分けます。試しに先の例文の（3）と（5）に
助詞をつけてみましょう。

　　(3) I went to London last summer.
　　　　「私」は「行った」「に」「ロンドン」「去年の夏」に
　　(5) Mary presented me this scarf last Christmas.
　　　　「メアリー」は「プレゼントした」「私」に「このマフラー」を「去
　　　年のクリスマス」に

　結果的に、助詞をつけてもまったく日本語の語順にならないことが確
認できただけです。さらに、日本語の語順に整理したいならば、「SVOM」
系の言語を「SMOV」系の言語の語順に再編成する必要が生じます。こ
うした語順の変換作業を再認識すれば、英語を日本語に訳すという日本の
英語教育が如何に高度で難解な学習をさせてきたかが改めて理解できま
す。この学習に耐えるだけの能力と忍耐力を英語は日本語に要求してきた
と言えなくもありません。それでいて、この作業は英語で考える能力を培
うためには、不必要な無駄な学習と敢えて言うべきなのでしょう。
　それでは、英語ではどのような工夫で考えることを可能にしているので
しょうか。この点に関しては、第 1 章の第 2 節「英語のイントネーショ

ンについて」で先に考えました。結論から言えば、下降調のイントネーションをつけて語群を分けているということなのです。先の考察では、下降調のイントネーションパターンである音の高低の変化を「ピーヒャラ」という日本語の音声イメージで表現することを提案しました。英語では、主語句、動詞句、副詞句を「ピーヒャラ、ピーヒャラ、ピーヒャラ」と区別することによって思考を可能にしていると主張しました。ゆえに、朝鮮語や他の膠着語のように助詞を必要としないのです。であるなら、私たち日本人も英語で考えるためには、「ピーヒャラ、ピーヒャラ、ピーヒャラ」と音読する訓練を重ねる必要があります。授業でやるべきことは、戦前の国語の授業でやっていたように、教室で元気よく暗記するまで何回も読ませること、発音させる指導なのです。

英語におけるリズムとイントネーションの重要性

英語の語順と日本語の語順の違いは、単語レベルではなく、主語句、動詞句、副詞句の語順で整理すれば、以下のようにかなり単純化されます。

英語：主語句　＋　動詞句　＋　副詞句
日本語：主語句　＋　副詞句　＋　動詞句

そして、英語は下降調のイントネーションで、日本語は助詞で三つの語群を分ければよいのです。あとは、何度も音読して、実際に「話す」練習を重ねれば脳が記憶して、speaking 能力も listening 能力も向上させることができます。

ところが、疑問という観点からすれば、まだ謎は解けていません。各語群の語順に注目すれば、ここにも語順の違いが存在するからです。次の例を見てみましょう。

英語：The president of the United States is going to visit Japan next month.
日本語：「大統領」「の」「合衆国」「予定である」「訪問する」「日本」「来月」

この例を見てみれば、主語句と動詞句のなかでさえ語順が違うことが確認されます。この違いは何を意味するのでしょうか。私たちにどんなことを気づかせてくれるのでしょうか。

　かつて談話の情報構造に関する文法書を読んだときに、意外に思ったことがあります。英語と日本語の情報構造は語順の違いに表れるという事実です。情報構造の文法では、情報を旧情報と新情報とに区分し、英語では「旧情報＋新情報」という順番で伝えられるというのです。つまり、情報的に重要な表現が後置されるという規則性について気づかせてくれたのです。これが事実だとすれば、それは大変なことになります。例示した英文では、なんと一番最後の "next month" が新情報で最も重要な表現になってしまうのです。もちろん、旧情報と新情報は、発話の時点で聞き手が既に知っている情報（旧情報）か、まだ知らない情報（新情報）かに左右されます。先の例文では、大統領が日本を訪問するのはわかっているが、それは「来月」だという新しい情報が伝えられたということです。それでは、日本語ではどうなのでしょうか。

　上記の英文を日本語に訳すならば、「合衆国大統領は来月日本を訪問する予定です」となり、「来月」は主語句の直後に配置されます。情報構造という文法の理論に即して考えるなら、「日本を訪問する予定です」のほうが新情報になるのですが、それでよいのでしょうか。動詞句の語順はどうでしょうか。"Visit Japan" は「訪問する日本を」という順番であり、やはり語順が逆になっています。この順番の違いを旧情報と新情報の規則性に当てはめようとすると、日本語は「新情報＋旧情報」と配置され、旧情報＋新情報と並ぶ規則性は英語には当てはまるが日本語には当てはまらなくなります。ゆえに、情報構造の文法は英語を理解する場合は極めて重要で無視できませんが、日本語には適用できないという結論になってしまうのです。

　しかしながら、情報構造の文法から語順を理解するための何か素晴らしいヒントをもらったように思えます。新しい情報は既知の情報より重要性が高いという認識の「より重要性が高い」という観点に絞って語順を分析

してみてはどうでしょうか。"Visit Japan" は "visit" と "Japan" のどちらがより重要性が高いのでしょうか。「日本を訪問する」は「日本」と「訪問する」のどちらがより重要性が高いのでしょうか。このように考えれば、「より重要である」という観点からすれば英語も日本語も答えは一致する可能性が出てきます。たとえば、"Japan" と「日本を」がともに重要であるといえます。であるなら、その違いは何かといえば、英語では重要性の高い単語は「より後に配置され」、日本語では「より前に配置される」と仮定できます。ゆえに、語群の配置の違いも、より重要な情報ほど英語では後に、日本語では前に配置されると理解することができます。このようにして、英語では「主語句＋動詞句＋副詞句」と並ぶし、日本語では「主語句＋副詞句＋動詞句」と並ぶと仮定できるのではないでしょうか。しかし、じつは、ここからがこの議論の本題になります。

　本題の疑問は、音声上の強調の方法という問題です。この時点で、ようやく英語のリズムとイントネーションの重要性が再び話題となります。このリズムとイントネーションの重要性については、拙著『英詩朗読の研究』（1996）と本書の第2章で考察してきましたが、ここで結論だけ述べようと思います。結論は以下のようになります。

(1) 英語では意味のある単語の母音にストレス・アクセントをつけて強調する。そのストレス・アクセントの連続がリズムという現象となって聴覚的に感知される。

(2) 英語では一つの情報単位（語群）を区分するため、その語群の最初のストレス・アクセントにピッチ・アクセント（高い音）をつけて下降調のイントネーションを付加する。

　リズムを刻む肉体的動きで重要なことは、腹筋に力を入れながら（腹筋を収縮させながら）ストレス・アクセントを強調する動作です。一方、イントネーションを付加する行為で重要なことは、高い音と低い音の順番が「疑問＋解答」という脳内の生理現象を生じさせることです。また、このイントネーションの脳内に生じさせる生理的現象が「考える」ことを可

能にしており、「文法」を生み出していると仮定できます。現代の脳科学の成果から推測すると、思考という現象は一種のストレス反応であり、ストレスの付加と緩和という現象が脳内で生じているのだろうと推論できます。さらに、仮定すれば、ストレスの付加はノルアドレナリン（神経伝達物質）の分泌、その緩和はセロトニン（神経伝達物質）の分泌が関与しており、言語現象とは自律神経の緊張と緩和という現象だろうと推論できます。しかし、今重要なことは、英語を発音する際は、リズムとイントネーションをつけることが欠かせないということです。

　ここまで議論して、ようやく、この節の結論に至ります。結論は、じつに、簡単です。

　　結論：「英語では前よりも後に配置された単語の方がより重要である」

ということです。

　文が、「主語句」「動詞句」「副詞句」と並べば、より重要なのは「副詞句」です。ゆえに、先に取り上げた英文では、"next month" に力を込める必要があり、日本語の発声のように最後が消え入るような発音では、"Pardon?" と言われてしまうでしょう。各語群で見てみれば、"The president of the United States" では、"president" にはピッチ・アクセントを、"United States" にはストレス・アクセントをしっかりつけて発音する必要があります。"is going to visit Japan" では "going" にピッチ・アクセントを、"Japan" にストレス・アクセントをつける必要があります。"Next month" では "next" にピッチ・アクセントを、"month" にストレス・アクセントをつける必要があるのです。

　以上、この節では、日本人が英語で話し考えることを困難にする原因について考察し、英語のリズムとイントネーションの重要性について長々議論してきました。

第3節
英語で考えるようになるための工夫

　前節で、英語と日本語の語順は単語レベルから根本的に逆であるという事実を再確認しました。この事実から、日本人が英語を理解するためには語順を日本語方式に並べ替えるプロセスの必然性が生じてくるのです。先に述べたように、このプロセスは他の外国語を学習する際も同様で、とくに漢文で並べ替えをしなければいけない理由に納得がいきます。しかし、このプロセスを学校教育で疑問も持たずに続けていくことには、もう納得がいきません。とくに義務教育のレベルでの継続は国税の無駄使いと批判されても仕方ないかもしれません。この節では、このような何か納得のいかない批判に対し、科学的な見地から実行可能な改善案を提示することです。

語群ごとに発音して表現を覚える

　語順がまったく逆の二つの言語を単語レベルで学習することは、その語順の違いを一致させることにはなりません。問題は、「どのように違いを一致させるか」という問いの解決策なのです。「一致」という観点から先の例文を比較してみると、主語句、動詞句、副詞句という語群単位では一致させることができます。以下の例を見てみましょう。

> The president of the United States/ is going to visit Japan/ next month.
> 合衆国大統領／日本を訪問の予定／来月

ゆえに、「合衆国大統領」（The president of the United States）、「日本を訪問の予定」（is going to visit Japan）、「来月」（next month）という語句単位で両言語の表現を覚える方がより実用的と考えられます。生徒たちが一生懸命やっているように、一つひとつの単語の意味を理解することが無駄であるか実用的であるかは、「各単語の意味を語句単位の意味で理解させる」

という学習指導でかなり改善できます。もっとも、「おはようございます」（Good morning）を「よい朝ですね」と覚えるかどうかというような問題もなくはありません。

　この問題は、例の旧情報と新情報という発想を用いて考察すれば、重要な情報は英語では後置されるという認識なのです。つまり、"Good morning" の場合も、"morning" が新情報で、ストレス・アクセントを付加されて強調されるからです。しかるに、"good" はどうなるかといえば、ピッチ・アクセントがついて高さで強調されます。英語では、たった一語の単語でも「ピッチ・アクセント＋ストレス・アクセント」の連続（下降調のイントネーション）になる現象を学習者に意識させ、発音練習する指導をしなければなりません。一つの意味をなす語群（名詞句、動詞句、副詞句）にしっかり下降調のイントネーションとリズムをつけて発音させれば日本の英語教育も楽しいほど改善されると信じてやみません。まず、身近なところにいる生徒や学生に試してみたらどうでしょうか。

イントネーションをつけて一文を読み切る訓練をする

　「合衆国大統領は来月日本を訪問する予定です」、この日本文を読むときどこかで息継ぎをするでしょうか。たとえば、「は」という助詞の後で？　それでは、"The president of the United States is going to visit Japan next month" はどうでしょうか。この英文を息継ぎせず、一気に読んでしまうでしょうか。もちろんネイティヴ・スピーカーならば一気に読み切ります。語順の違いを一致させるという意味では、同じ内容の英文と日本文は一文をともに途中で息継ぎをせず一気に読むことが求められます。ところが、英文をピリオドまで一気に読み切ることは日本語話者には簡単にできることではないのです。ここでは、二つの点に注意を払い英文を句点まで読み切る指導が必要となります。それには以下の方法があります。

（1）日本語的カタカナ発音にならないように英語のストレス・アクセントだけを腹筋に力を入れながら一息で読み切る。

（2）日本語の「は」「を」といった助詞を意識せず、英語の主語句、動詞句、副詞句の最初のストレス・アクセントにピッチ・アクセントを加えて各語句を区切る意識を持って読む。

（1）を実行すれば、先の英文は "president" "United" "States" "going" "visit" "Japan" "next" "month" のストレス・アクセントだけを腹筋に力を込めてリズムよく発音すればよいので、重要な母音を 8 回発音すればよいことになります。日本語のようにカタカナ的に発音すれば、「プレズィデントオヴザ」だけの発音で母音を 8 回発音するようなことになってしまいます。これでは英文の読みの速度に追いつくはずもなく、途中で息切れするのは当たり前です。

（2）に関して付加するならば、日本語の助詞は発音すると息を吐き切る傾向がないでしょうか。「合衆国大統領は」と発音したあと、ちょっと息継ぎをして「間」を置く傾向になるのではないでしょうか。日本人が英文を読むときの間（pause）の多さは、竹蓋幸夫著『日本人英語の科学』（研究社, 1982）で科学的に検証されています。私の英語教育研究熱もこの研究書により高まったことを感謝の意を込めて述べておきます。結論的に言えば、日本語の助詞は語句を区切るとともに、息継ぎの機会ともなり、間を生じさせる原因になっているのです。英語教育の指導者は、この「間」の弊害を意識し、学習者に一息で息継ぎをさせずに一文を読み切る練習を授業でおこなうべきです。

あとは、授業中、学習者が英語で話す演習をできるだけ多く準備してあげる必要があります。

会話の訓練をする

会話の訓練は、先のリポートからも理解できるように学生たちが一番望んでいる英語学習です。大学として組織的に対応できることが 18 歳人口激減に苦しむ大学の存続に影響すると言ったら、「ひとつのご意見として承っておきます」と言われそうです。もし組織的対応ができないとしても、

学生個人でも会話の訓練ができるというのがここでの提案です。

　会話は一人でもできます。なぜなら人は誰でも言葉を用いて頭のなかで会話しているからです。我々はいつも頭のなかで考えています。極めて単純な発想ですが、英語で考える時間を作ればよいのです。"We should think in English." "I'd better try to think in English." "Why don't we think in English?" "I'll try it, to think in English and I will be able to speak English. I'll do it." こうした練習なら一人でもできます。そして、中学校の生徒たちに勧めたい英会話練習は、まずは、疑問文を発音すること、そして、その疑問に自分で答えることです。

(1) What?

What is this in English? This is a pencil.

What is that in English? It's a cucumber.

What is she? She is a salesclerk. She sells shoes.

What am I doing now? I'm buying a ticket.

(2) Where?

Where am I now? I'm at the station.

Where is my key? It's in my pocket here.

Where is my mother? She may be at home.

Where am I having lunch? At the cafeteria.

(3) When?

When do I get up? At seven every morning.

When am I going to meet her? I'm going to meet her at three.

When will she go swimming? She goes swimming on Mondays.

When does the bookstore open? At ten am.

(4) How?

How are you today? I'm OK, thank you. And you?

How do I open this? With the scissors.

How will I go to the station? By bus or on foot? On foot for health today.

How will she get in touch with me? Maybe by e-mail.

(5) Why?

Why am I at the theatre? I'm going to see the cinema.

Why am I happy? I've seen my girlfriend.

Why is this here? My brother left his pass. I'll call him.

Why do I have to study English? I want to live in America someday.

上記のような英語による自分との対話ならいつでも、どこでも可能です。それこそ、ペットに英語で話しかける習慣をつけることも可能です。中学校で学習する英語と自分で学習する英語を合わせれば自分一人でも英会話の練習が十分可能であることを提案しました。

以上、この章では、英語で考えられるようにするための工夫を提案しました。個人でも教室でも友人同士でも英語で話すことは可能であることを強調したいと思います。つけ加えるならば、英語で話せるようになりたいという憧れと忍耐強い努力が必要なだけです。

　第1章で「日本人の英語はなぜネイティヴに通じないのか？」、第2章で「英語はなぜ日本人には難しいのか：日本語と英語の発音上の根本的違い」、そして第3章で「日本人が英語で考えられない原因：語順の違いと英語音声の特質」と題して、我が国の英語教育の改善のために私見を述べてきたつもりです。このような考察が可能になった背景には日本人学者の素晴らしい研究成果があることを述べておきます。ただ私は英語教育改善というテーマに絞って、いくつかの研究成果を再編成したにすぎません。学者の研究というのは自己の利益や出世のためにあるのではなく、人々の利益と幸福感のためにあるのだと私は信じています。ゆえに、私の拙論が英語教育に携わっている先生方や英語学習に励んでいる学習者のみなさんの役に立つようであれば、この考察も無駄にはならないでしょう。

　この章では、とくに語順の違いと音声的特質との関係を考察しました。結論として確認すべきことは、第一に、日本語と英語の語順の違いが我々が英語で考えることを困難にしていることです。第二に、英語のリズムを

習得することで英語の思考の速度に追いつけることです。そして、最後に、膠着語の思考形式とは別にイントネーションの思考形式を習得することで、英語での思考が可能になるということです。

　以上、日本人の多くが意志さえあれば英語でコミュニケーションができるようになるための方法を提案しました。

第4章

シェイクスピア英語教育擁護論

私は大学時代シェイクスピアの原語上演に携わってきました。友人である関東学院大学の瀬沼達也氏は日本で一番長くシェイクスピアの原語上演に携わってきた畏友です。彼も私も大学でシェイクスピアの英語を楽しんでもらいたいと願い、シェイクスピアの原語上演による英語教育を実践してきました。シェイクスピアの英語はリズム良し、イントネーション良し、語彙が豊富、人生の指針となる名句を学べる、まさに大学で学ぶに相応しい英語なのです。本章では先の章で考察した英語教育改革論を前提にして、シェイクスピア英語を大学で教えることの意義を主張したいと思います。

第1節
現在の日本で求められている
英語教育の改善すべき問題点

　嘗ての大学には文学部英文科および英米文学科が当たり前に存在していました。現在ではその名称は、「文学」の代わりに「文化」が使用されるようになっています。一例を挙げれば、私が在籍していた学習院大学文学部イギリス文学科は学習院大学文学部英語英米文化学科と名称が変更されました。この変更を余儀なくされた背景には、英語をコミュニケーションの手段として使えるようにならない英語教育に対する産業界の不満があります。しかし、このような英語教育への不満は未だに解消されていません。この現状は、英語留学を教育プログラムに加えても、なんら改善にはなりません。なぜなら、我が国の英語教育にはどの段階においても英語の発音を学べる時間と場所が提供されていないからです。この英語発音教育は本来中学校の義務教育で実施されてしかるべきですが、中学生は英語の発音記号も読めないし、英語の発音はめちゃくちゃで聞くに耐えない状況です。しかし、その改善は非常に簡単です。中学校で英語発音教育を実践すれば良いのです。以下で、第1章から第3章の考察を踏まえ、英語教育の第一歩として英語発音教育をどのようにおこなうかを提案します。

発音記号を読めない学生たち

　私が非常勤講師を勤めた学習院女子大学でこれまで担当してきた「英語演習」という科目では、英語の発音記号を自信をもって発音できるよう指導することが私の授業の目的でした。受講生の意見に「中学校でこれを教えて欲しかった」という感想が述べられることが多々ありました。今、たまたま、高校生に英語を教える機会をもっていますが、中学では発音記号は習わなかったと教えてくれました。では、どのように英語の発音をしているのかと聞いてみると、先生の発音をまねしたり、スマホの録音教材を視聴して覚えるとのことです。発音を耳で聴いて「まねる」のが一般に浸透している発音指導だと私も理解していますが、いったい誰の英語の発音をまねているのだろうかと危惧するばかりです。英語には民族によってさまざまな発音の違いがあるのに、遣る瀬ない気持に駆られます。英語の発音ができなければ英語でコミュニケーションなど成立する訳がありません。ですから、中学校の英語教育は義務教育でありながら日本社会の期待に応えられないのです。その状況を今も昔も面々と継続している現状はもう終わりにしなければなりません。

カタカナ発音の現状

　英語の母音や子音の発音方法を学習していない学生や生徒は、若い頃の私と同じように英語をカタカナ的に発音しています。私の担当した「英語演習」では、このカタカナ発音を矯正することが大学の英語授業の目的であり続けました。そして、英語発音に関する知識と訓練によって英語本来の発音（ネイティヴの発音という曖昧な言い方ではなく）ができるようになると、関心のある学生たちは少なからず感動し英語学習への動機を高めてくれました。さらに、英語のリズムやイントネーションの不思議さに興味を抱き、語彙が成立する歴史やイギリスという国家の歴史と民族文化にも好奇心をもってくれるようになりました。私は、静岡英和学院大学では専任教員として、学習院女子大学では非常勤講師として「イギリス文化論」

や「イギリス文学論」を担当していましたが、英語の発音に自信をもてた学生たちからはより積極的な受講態度や情熱を感じることができました。ですから、もし中学校の英語教育にカタカナ英語発音を矯正し本来の英語発音が可能になるプログラムを導入すれば、将来を担う若者たちに英語コミュニケーションによる国際的活躍の土台を築いてあげることができると期待してやみません。

英語発音上達のための英語教育改革

　若者たちにネイティヴ並の発音を可能にするための努力と試みに関しては、昨今の YouTube サイトを調査すれば数多くの動画を発見できます。いわゆるネイティヴと呼ばれる人たちのみならず、日本人で英語の発音を指導している人たちの多くの情熱的な努力を知ることができます。このような人たちの努力が我々の義務教育に導入されれば日本の英語教育は劇的に改善されるでしょうに。では、大学の英語教育に期待されるべき役割は何なのでしょうか。

　中学校の義務教育で英語本来の発音方法を指導するには、教師が英語の発音の理論と実践方法を習得する必要があります。中学校で英語を指導するには教員免許状が必要であり、大学の教職課程を履修することが前提となります。私の経験でも現状の教職課程で具体的に発音記号を指導できる能力の習得は必ずしも要求されていません。英語の発音指導に自信の無い英語教師が少なからず中学の英語教育の現場に立っています。ですから、ALT（外国語指導助手）なる外国人教師を教育委員会が派遣する必要に迫られています。しかし、これらの通称ネイティヴと呼ばれている教員たちが本来の英語の発音を指導できるかといえば、それは不可能に近いのです。私の同僚であったアメリカ人教師は、英語の発音は「あなた」が教えてと私に言っていたのを思い出します。彼女は "wanna" や "ganna と私が発音すると、あなたは英語教師なのだから、"want to" "going to" と発音すべきだと注意しました。それはどうしてかという理由も含めて、英語の発音はネイティヴに任せるという日本人の無知による誤解は甚だしく、大学で教

職課程を担当する教員が英語発音を指導しなければいけない責任があります。私は、自分自身の自責の念から、本書の第1章から第3章で英語発音指導方法を考察しました。もちろん経験的な仮説の展開にすぎませんが、英語発音の改善策を提案したいという切実な思いに共感していただければ幸いです。それらの論で力説している英語発音上の改善点は以下の通りでした。

(1) 腹式呼吸による発声法[16]
(2) 英語の母音発音に関する口腔内の舌の動きとその位置[17]
(3) 腹筋の収縮によるリズムの習得[18]
(4) 母音を発音する際の英語の子音の機能と日本語発音における声門閉鎖の機能[19]
(5) 下降調のイントネーションと英語の文法的機能[20]

　これらの内容を体系的に指導できる授業を実現するために大学の英語教師として務め始めて40年間試行錯誤を重ねて今日に到りました。受講した学生たちの体験も踏まえ、日本人でも本来の英語発音の指導は可能であると断言します。

_____

[16] YouTube動画「Hideyuki Shimizu：英語のリズム、腹式呼吸と腹筋力」をご視聴ください。
[17] YouTube動画「Hideyuki Shimizu：日本人による日本人のための英語母音発音方法」をご視聴ください。
[18] YouTube動画「Hideyuki Shimizu：英語のリズム、腹式呼吸と腹筋力」をご視聴ください。
[19] YouTube動画「Hideyuki Shimizu：なぜ、a appleはan appleになるのか？」をご視聴ください。
[20] YouTube動画「Hideyuki Shimizu：英語には「ピーヒャラ」という抑揚がある」及び「日本語と英語では考える方法が違う」をご視聴ください。

第2節
シェイクスピア英語に観察できる英語現象の理解

　大学でシェイクスピアの英語を学んでも英語コミュニケーション力を向上させることはできない。このような見解は大学教員の多くの意見なのでしょうか。また、世間一般の常識なのでしょうか。私は非常勤講師控え室でも多くのネイティヴ・スピーカーの教員たちと出会いました。定年退職する頃に仲良くなったアメリカ人講師は手作りの教材を私に見せてくれました。彼女の努力に大いに感謝するのですが、私はシェイクスピアをテキストに使っているとニコニコしながら伝えました。その先生は手作りの教材を使って英会話を指導していました。私は、中学生のときにその教材で生徒たちに教えてあげて欲しいと心から思いました。日本の中学校で英語コミュニケーション能力（世間で言う英会話能力）を鍛えて、大学ではシェイクスピアを教えても当然という常識を時間がかかっても取り戻したいというのが私の夢です。"I have a dream." 私は今まで40年間英語の一コースでシェイクスピアを教材にして英語発音指導をしてきました。以下に、英語発音のみならずシェイクスピアを教材にして指導できる英語現象を紹介したいと思います。

語彙に見られる英語現象

　英語教員も含めて多くの日本人が無視しているのが英語の語彙の多様性です。英語の主要な語彙には少なくとも三つの民族の言語が混在しています。英語はゲルマン語族であることは知られている事実ですが、学生たちの殆どはその事実を知らないことが多いです。しかし、英語の語彙の学習を効率的にするためには最低でもゲルマン語族の語彙とラテン語族の語彙を見分けて使い分ける必然性があることを知らなければなりません。

　シェイクスピアで最も有名であり、世界中で知られている名句は、"To be, or not to be, that is the question:" です。シェイクスピアの英語は難しい語彙が使用されているのではないかと多くの人々が勘違いをしています。

この名句のどこに見たことのないような単語があるでしょうか。すべて、中学生なら理解できる簡単な単語で書かれています。しかし、この語句のなかに、「短い単語」と「長い単語」が混在しているという現象に誰も気をとめないでしょう。まだ英文科が多くの大学に存在していたころ、英語史を履修した方々ならゲルマン語系の単語とラテン語系の単語の区別に思い当たるはずです。例示したシェイクスピアの台詞でラテン語系の単語は"question"だけです。しかし、日本人の英語学習者は、このゲルマン語系の単音節中心の「短い単語」とラテン語系の二音節以上の「長い単語」を意識して英語を使い分ける必要があるのです。

　英語史の知識があれば、ブリテン島がローマ帝国に支配されている時代はラテン語が支配的言語であったことがわかっていますし、ローマが去った後、アングロ＝サクソン人がブリテン島の支配者になり、英語の歴史が始まったことを知っているでしょう。その時点から英語はゲルマン語族であるという事実が生じました。しかし、8～9世紀にかけてデーン人がブリテン島に渡来し、古ノルド語という北欧の言語をブリテン島にもたらしました。デーン人の言語はゲルマン語族なので、先行者のアングロ＝サクソン語と融合し「古英語」を成立させました。しかし、1066年にフランス語を話すノルマン人に侵略され、やがて古英語は「中英語」へと変化を余儀なくされました。支配者のノルマン人は古フランス語を喋る民族で、その結果、英語の語彙はゲルマン語系の語彙とラテン語系の語彙が混在することとなってしまいました。そして、まさに、シェイクスピアの時代にギリシャ語なども取り入れながら現代英語の基礎となる近代英語が成立しました。この英語成立の過程が、英語史で学ばれる英語語彙の現象です。

　しかし、この知識は、日本における義務教育の英語学習にはそれほど重要ではないでしょう。重要なのは「短い単語」と「長い単語」の区別であり、庶民が日常生活で使う語彙はゲルマン語系の「短い単語」であり、読み書きに使われる教養ある語彙はラテン語系の「長い単語」であるという現実的区別なのです。ゆえに、日本の義務教育である中学校で学ぶ語彙は「日常会話」のための単語群であり、高校から学ぶ語彙は「読み書き」に使わ

れる語彙だという区別を教師が意識して指導すべきなのです。中学で学ぶ語彙を駆使して日常の「英会話」を訓練し、高校以降で学ぶ語彙を駆使して「読み書き」を訓練すべきです。その前提があって初めて、大学の英語教育ではシェイクスピアが教えられて然るべきという常識が成立します。

　英語コミュニケーション向上のために、現在しきりに勧められる学習法は映画で英語を学ぶ方法です。ハリウッドの映画を字幕なしに理解できることが英語学習の夢であったりします。私もそうすべきだと賛同はしますが、しかし、映画の英語は日常会話ばかりだという事実に気づくべきです。映画の英語を理解するためには中学校の英語教育でこそ映画を教材に用いるべきだろうと、英語の語彙の現象から助言したいと思います。いやしくも日本の大学で外国人に依存し中学校の英会話を教えているという現状の矛盾を問題視してほしいのです。

語順に見られる英語現象

　シェイクスピアの『ソネット集』のなかでも「ソネット 18 番」は世界的に有名な 14 行詩です。しかし、これを理解するにはいささか語順が問題となります。ソネット 18 番の 5 ～ 8 行目を見てみましょう。

> Sometime too hot the eye of heaven shines,
> And often is his gold complexion dimm'd,
> And every fair from fair sometime declines,
> By chance or nature's changing course untrimm'd:

　現代英語の学習者ならこの 4 行すべての語順に違和感を覚えるでしょう。副詞句及び副詞の "too hot"、"often"、"from fair"、"By chance or nature's changing course" の位置は少なくとも現代英語の語順に従っていません。私も含めて、日本人の英語教師なら「本来の語順は」と前置きして学生や生徒たちに「正しい語順」に並べ替える作業をさせるかもしれません。しかし、英語の世界を代表するシェイクスピアが「本来の英

語ではない」「正しくない」英語を使っているという発想自体がとんでもない英語の語順に対する「誤解」であると気づけます。シェイクスピアの英語は本来の英語であり正しい英語であるはずなのです。ですから、現在でも彼の戯曲は原文で上演されているのです。先の英文の語順をそのままの語順で英語を理解してこそ本来の英語に触れられます。

　語順そのものについて少し知見を広げれば、ゲルマン語もラテン語も語順を比較的自由に変えられる言語だという事実に気づくことができます。その理由は、ゲルマン語にもラテン語にも名詞に格変化や動詞に活用があり、主語や目的語や副詞句の位置を変えても、その関係性は認識できるからです。しかし、シェイクスピアの時代に近代英語に発展した英語は、格変化を無くし、活用も簡略化され、文の要素は語順によって決定されるようになりました。その語順の重要性が現代英語の「正しい語順」に対する認識を形成したと一般に考えられています。しかし、本来のゲルマン語族としての英語もラテン語族としての英語も語順は変わるという現象をシェイクスピアの「ソネット18番」で知ることができるのです。

　ここで、私は大変興味深い現象に気づけました。それは日本語の語順との比較による気づきといってよいでしょう。例示した4行をそのままの語順で日本語に訳してみたのです。

　　　時には暑すぎるほど天の目は輝き、

　　　しばしば彼の黄金の顔は曇らされ、

　　　総ての美しきものは美からいつかは衰え、

　　　偶然や自然の変遷で飾りを取られる。

　シェイクスピアの英語の語順は日本語の語順と見事に一致しているのです。私にとっては天地がひっくり返るほどの気づきでした。本来の英語は日本語の語順と同化してくる。それをシェイクスピアが気づかせてくれたのです。シェイクスピアの英語を学ぶべきではない理由がどこにあるのでしょうか。私はこのことに気づき、シェイクスピアの英語は難解であるという苦痛を軽くするために、学生たちにはシェイクスピア英語の「日本語

帰り」と命名し、英語に親しみを感じてもらおうと試行錯誤を重ねてきました。英語の「ゲルマン語帰り」という説明の方が英語史の専門家には納得してもらえるでしょう。しかし、シェイクスピアの英語に触れることが、少なくとも英語には正しい語順があると教え込まれる英語教育の若干の「語順に対する誤解」を修正し、本来の英語の語順に関する事実を理解するきっかけになると主張したいのです。

発音上の英語現象（大母音推移）

シェイクスピアの劇中歌、いわゆる、シェイクスピア・ソングに触れたことのある日本人は演劇関係者の他にはいないでしょう。英語の本場であるイギリスやアメリカではシェイクスピア・ソングの人気は高いです。そんな傾向にも私は日本の英語教育に違和感を覚えています。それでいて、中学校で習う英語でさえカタカナ的発音をする学生たちの英語コミュニケーション能力を高めようと大学は悪戦苦闘しています。

"Who is Silvia?" という歌をシューベルトが作曲しています。シェイクスピアの劇中歌は、クラッシックの世界のみならず多くの作曲家によって曲をつけられ歌われています。日本でシェイクスピア・ソングを歌っている歌手は皆無に近く、私は波多野睦美さんしか知りません。そんな状況のシェイクスピア・ソングですが、"Blow, blow, thou, winter wind,"（As *You Like It*, II, vii）を録音で聴いていると、「おや？」と思うことが起こります。

> Blow, blow, thou winter wind,
> Thou art not so unkind

この歌詞で一行目の "wind" の発音が [waind] と発音されることがあります。その理由は、二行目の "unkind" と韻を合わせるためと理解できます。そして、大学の授業ではそう説明を受けるでしょう。しかし、なぜ [i] を

[ai] と発音してもよいのかと疑問を抱くと、英語発音の迷宮に入り込んでしまうでしょう。もちろん、英語史を学んできた先生方は解説できるのですが、英語発音の歴史的変化を知る好奇心を学生たちに抱かせる好機になります。シェイクスピアの近代英語の発音は大母音推移（The Great Vowel Shift）という大変革を経て現在の発音になりました。一例は、"name" が馴染み深いと思われます。私が学習院大学のイギリス文学科に所属していたころ、藤原博先生に英語史を教えていただきました。先生曰く、英語の "name" と日本語の「なまえ」は無関係ではなく、英語の "name" は中英語期には「ナーメ」と発音されていた、というのです。つまり英語の発音はローマ字式の読み方であった。ところが、現在までその明らかな原因に定説はありませんが、[ei] に変化したという現象が起こったのです。この大母音推移の過程を経て、"unkind" の発音は元々 [i] であったが、[ai] に変化したというのです。ゆえに、その変化に合わせて "wind" も [ai] と発音され、見事、韻を踏むことができるという訳なのです。このような英語母音の発音の歴史的変化を知る機会をシェイクスピアは提供してくれます。この大母音推移を高校で教えても知的に面白いと私には思われます。

第3節
シェイクスピア劇を用いる英語教育

　シェイクスピア劇は台詞の連続です。台詞は、じつは、日常会話なのです。もちろん近代英語なのですが、会話のセンスは身につけられます。高校の英語劇で現代英語版のシェイクスピア劇が演じられるのも英語コミュニケーション能力を培うために有効です。また、劇は会話であるので、英語の発音が重視されます。英語として通じる発音を訓練することができるのです。以下に具体例を挙げてみます。

Hamlet

　『ハムレット』を上演すれば、一幕一場を削除する訳にはいきません。劇は二人の歩哨の会話から始まります。

> *Barnardo*. Who's there?
>
> *Francisco*. Nay, answer me. Stand and unfold yourself.
>
> *Barnardo*. Long live the king!
>
> *Francisco*. Barnardo?
>
> *Barnardo*. He.
>
> *Francisco*. You come most carefully upon your hour.
>
> *Barnardo*. 'Tis now struck twelve, get thee to bed, Francisco.
>
> *Francisco*. For this relief much thanks, 'tis bitter cold,
>
> 　　　And I am sick at heart.
>
> *Barnardo*. Have you had quiet guard?
>
> *Francisco*. Not a mouse stirring.
>
> *Barnardo*. Well, good night:

この台詞は会話であるので単語はすべて中学程度のレベルです。英語史的にいえば、"hour""relief""quiet""guard" 以外はゲルマン語系の単語ばかり

であり、短い単語の連続です。この会話文を訳読するのではなく、英会話として発音することが日本の英語教育に求められるべきです。指導すべきは、「アクセントのある母音の正しい発音」、「弱母音の発音」、「リズム」、「下降調のイントネーション」です。

　ここで、私からの重要な提案は、「日本語に訳さず、意味を理解する」訓練をするという指導です。この狙いは、ラテン語系の比較的長い単語をゲルマン語系の単音節中心の短い単語で言い換えて意味を理解する習慣を培うことです。また、学習者にとって初出の単語を既に知っている単語で言い換えて意味を理解する訓練でもあります。この学習によって英語を英語で理解する能力を培うことができます。この学習によって一般的に言われている英語脳を構築することが可能です。一例を挙げれば、"relief"を "ease" や "comfort" という既知の単語でその意味を示唆したり、加えて "taking turns" や "changing guards" と説明すれば意味がより理解できると思われます。この学習時に、*Oxford Advanced Learner's Dictionary* や *Longman Dictionary of Contemporary English* などの英英辞典を引くことを学習者に推奨できます。シェイクスピアの英語だから OED を引かなければと懸念する必要はあまりありません。なぜなら台詞は会話だからです。英語は会話ではゲルマン語系の単語を多用するのです。

Romeo and Juliet

　恋愛の台詞を学ぶなら『ロミオとジュリエット』を避けて通れません。次の二幕二場の台詞は英米人なら誰でも知っています。

Juliet. O Romeo, Romeo! Wherefore art thou Romeo?

Deny thy father and refuse thy name:

Or, if thou wilt not, be but sworn my love,

And I'll no longer be a Capulet.

(*Romeo*. Shall I hear more, or shall I speak at this?

Juliet. 'Tis but thy name that is my enemy.

Thou art thyself, though not a Montague.

O be some other name! What's Montague?

It is nor hand, nor foot, nor arm, nor face,

Nor any part belonging to a man.

What's in a name? That which we call a rose

By any other name would smell as sweet.

So Romeo would, were he not Romeo called,

Retain that dear perfection which he owes,

Without that title.

　この台詞は独白というシェイクスピアが初めて劇に取り入れた役者の独り言です。独り言は、普段自分が日常的に使う言葉で語られます。舞台がイタリアであるにもかかわらず、ジュリエットの言葉はゲルマン語が多いのです。中学で学ぶ語彙もふんだんに使われています。ここで私が指摘したいのは、文法的事項が学べるということです。語彙に関しては "Thou art" や "thy" という古英語由来の人称代名詞と動詞の活用が学べます。"Thou" など現代では使わないと教師が強調しすぎると、"Thou shalt not kill." などという英文が出てきてしまうと戸惑うことでしょう。さて、文法事項ですが、以下のような英語文法の現象を学習者たちに紹介できます。

　「"if" の条件節の中の "will" の使い方」、「"be ..., And" の命令形と "and" の用法」、「"Shall I" の用法」、「"It ... that" の強調構文」、「"though not a Montague" における省略、および分詞構文」、「"Nor" という接続詞の使い方」、「"belonging" という現在分詞の形容詞的用法」、「"That which" の関係代名詞の使用法」、「"By any other name" という副詞句の語順」、「"would smell" の仮定法」、「"were he not Romeo called" における "if" の省略」、「"Without that title" という副詞句が仮定法の条件になっていること」。

　以上、シェイクスピアの英語で必要な文法的事項を学べますが、これは日本の英語教育では高校までに学ぶべき英語の文法事項です。『ロミオとジュリエット』で何と豊かな文法的英語現象を学べることでしょうか。そ

れも台詞で！

Sonnet XVIII

　シェイクスピアの戯曲ではなく詩では何が学べるでしょうか。世界中で有名な「ソネット18番」[21]を取り上げてみましょう。初めの四行だけを引用します。

Shall I compare thee to a summer's day?

Thou art more lovely and more temperate:

Rough winds do shake the darling buds of May,

And summer's lease hath all too short a date:

　この四行からは "compare … to …" と "compare … with …" の違いを指摘することができますし、"a summer's day" に思いを馳せることもできます。たとえば、"summer" に何で "'s" を付加して所有格にできるのだろうかという疑問を抱けます。可能な答えは、"summer" がゲルマン語だからという理由も考えられるでしょうし、"summer" を人格化しているからと考えても良いでしょう。このように言葉の意味に思いを馳せることにより意味をイメージ化して理解する学習法を指摘できると思います。"A summer's day" とはどのような一日が想像されるでしょうか。夏の暑い一日では意味が台無しになるでしょう。しかし、日本の夏は暑いのです。では、イギリスの夏はどのような夏なのでしょうか。ここでイギリスの夏に思いを馳せることができます。もちろん教師が解説することもできますが、学習者に自分で調べさせたら面白いレポートが返ってくるかもしれません。"Lovely" や "temperate" がどのような日常表現で使われるかを調べても学習者は「何が」"lovely" で、「何が」"temperate" なのかをイ

[21] YouTube動画「Sonnet 18: Hideyuki Shimizu」をご視聴ください。

メージして知ることができるでしょう。"Rough winds" の "rough" はどんな風の吹き方なのでしょうか、また、"wind" になぜ "s" がついているのでしょうか。"Winds" をどのようにイメージしたらよいのでしょうか。"The darling buds of May" はどんな花の蕾みでしょうか。"Summer's lease" と "short a date" という表現は読み手に何をイメージさせようとしているのでしょうか。このようなさまざまな疑問はシェイクスピアが思い浮かべた心象を読者に想起させるでしょう。意味を理解する行為は英語を日本語に訳す作業ではありません。英語を日本語に訳してしまうと、イギリス人シェイクスピアの意味するところがすべて日本人の読者の自然環境、文化に依存し、自文化中心の理解に止まってしまいます。「英語コミュニケーション」という概念で日本人の我々が希望している理想は何でしょうか。それは、残念ながら、英語が話される異なる世界の文化を理解するコミュニケーションではなく、英会話ができるという単なる言語能力と技術のように私には思えます。そうであれば、なおさら英語学習者は英語の発音から学ばねばなりません。中学校の義務教育でこそ英会話を徹底的に訓練する必要があります。

第4節
シェイクスピア英語を知る喜び

　シェイクスピア劇の台詞に出てくる語句は今でも日常英語に使われています。テレビの CM で "To buy, or not to buy" などと聞くと『ハムレット』の台詞を知っていることが前提となります。"Fair is foul, foul is fair" などと言うと、『マクベス』の台詞と知っている人がいるかとは思います。もちろん欧米人ならば多くの人たちが知っているでしょう。その他にも「え！　これ、シェイクスピアだったの」と彼の英語表現を発見する機会があります。その発見は私にとってもみなさんにとっても本当に楽しい発見に違いありません。

"Honesty"

　Billy Joel の "Honesty" は私がまだ学生時代に流行った歌です。とても美しいメロディーで心に染みました。次の歌詞を見て下さい。

> I can always find someone
>
> To say they sympathize,
>
> If I wear my heart out on my sleeve.

　"If I wear my heart out on my sleeve." 「もし僕が心を袖に着ていれば」、なにか素晴らしい比喩表現だと思いました。"Out" があるので「自分の心を曝け出す」のだろうと直感的に意味を感じました。しかし、念のために辞書を引くと（当時は『GENIUS』がまだなかったので、旺文社の『COMPREHENSIVE』で調べました）、"wear one's heart on one's sleeve" という慣用句を見つけ、「隠し立てをしない、思うことをあけすけに言う」という意味であることを知りました。やっぱり、辞書を引くことは重要です。

　ところが、この表現にはさらに驚くべき事実が隠されていたのです。以

下の引用を見て下さい。

> For when my outward action doth demonstrate
>
> The native act and figure of my heart
>
> In complement extern, ''tis not long after
>
> But I will wear my heart upon my sleeve
>
> For daws to peck at; I am not what I am.
>
> （俺の目に見える行動が自分の心に秘めた
>
> 意志と行為を完璧なまでに
>
> 暴露する時にはな、即座に
>
> 自分の心を己の袖に身につけ
>
> 小ガラス等に突っつかせてやるさ。見た目の俺は俺ではない。）

（筆者訳）

　Othello の Iago の台詞（I. i. ll. 60 - 64）です。この事実を知ったとき、私は、驚くやら感嘆するやら落胆するやら、もうシェイクスピアの偉大さに圧倒させられました。アメリカのポピュラーソングの歌詞で英語の慣用句が学べ、それがシェイクスピアの生み出した表現だったとは！

アイスブレイキング

　私が短大の教員だった頃、カウンセリングを学び始めました。カウンセリングの研修会や講演会に参加すると講師の方が初めに参加者に要求するのがアイスブレイキングでした。参加者同士に自己紹介をさせて、会場が和んだあとに話を始めるのでした。英語の教師ですのでアイスブレイキングが気になって、英和辞典で調べてみると、"icebreaking" という英語自体は見つからなくて、"to break the ice" という慣用句を発見しました。意味は「（パーティなどで）話の口火を切る、座を打ち解けさせる。（困難なことの）糸口を見つける」でした。もしかしたらシェイクスピアと関連があるかもしれないと思って、インターネットで検索してみると、見事に以下

の台詞がヒットしました。*The Taming of the Shrew*（『じゃじゃ馬ならし』）
の Tranio の台詞でした。

> *Tranio*. If it be so, sir, that you are the man
>
> Must stead us all and me amongst the rest;
>
> And if you break the ice and do this feat,
>
> Achieve the elder, set the younger free
>
> For our access—whose hap shall be to have her
>
> Will not so graceless be to be ingrate.
>
> I. ii. ll. 261 – 265.
>
> （となれば、あなたこそは吾々一同の、
>
> いえ、わけても私の身代わり。
>
> まず氷を割って、見事お手柄をお立てになり、
>
> 姉娘をものにされ、妹さんのほうを、
>
> 吾々の手の届くところにおいてくだされば、）
>
> （福田恆存訳）

この慣用句もシェイクスピアが流行らせたのです。そして、それと知らず
私は「アイスブレイキング」と言っていたのでした。

"Jump" の意味

　私も大学での英語教育から引退し、余生を社会のために費やしたいと思
いシェイクスピアの四大悲劇の台本作成をやろうと思いつきました。2023
年度は『マクベス』の台本を仕上げました。2024 年度は『ハムレット』
の台本作りに着手しました。まだ一幕一場の段階なのですが、困ったこ
とにわからない単語が出てきたのです。Marcellus が言います。

> Thus twice before, and jump at this dead hour,
>
> With martial stalk hath he gone by our watch.

(*Hamlet*, I. i. ll. 65 – 66.)

「こんなふうに前に二度」「この真夜中にジャンプする」
「軍人らしい足取りで」「彼は去って行った」「我々の見張りを過ぎて」

何でこんなところに "jump" という単語が出てくるのでしょうか。「跳ね
る」？「急に現われる」？ "Jump" は現在形なのでしょうか、それとも
命令形なのでしょうか。訳がわかりません。しかし、台詞ですからそん
なに難しい比喩表現ではないでしょう。こういうときは先達の翻訳を参
考にします。「丁度この真夜中に」とか「まさに時刻もおなじ真夜中」な
どと訳していらっしゃいます。「丁度」「まさに」という訳がこの "jump"
の箇所に当たります。そうか、"jump" は動詞ではないのか？ すると、
副詞で「丁度」「まさに」という意味があればよいはず。普通の辞書で
は出ていないだろうと推測して、*Oxford English Dictionary*（OED）の権
威を借りると、"jump" に副詞が発見できました。その意味は "exactly"
"precisely" でした。"Jump" は中学校で習う単語です。しかし、"jump" に
副詞があるなんてシェイクスピアを読まなければ知ることがなかったで
しょう。今はインターネットの世界なので、古い時代の私のようにわざ
わざ OED を引かなくても、ShakespearesWordscom のような便利なサイト
もあります。いずれにせよ、シェイクスピアには英語を学ばされます。こ
れからも彼の四大悲劇の台本作りに励みたいと思います。

　以上のように、シェイクスピアは英語表現の宝庫です。現代の日常表現
にまだまだシェイクスピアを発見する楽しさは尽きないでしょう。

第5節
イギリス文化を理解するためのシェイクスピア研究

　シェイクスピアのテキストをイギリス文化研究に応用することができます。というより、イギリス文化の背景的知識があればシェイクスピアをもっと理解することができるのです。以下に、シェイクスピア研究の可能性と面白さを示唆できればと思っています。

シェイクスピア時代の混乱

　『ロミオとジュリエット』の最終幕で公爵は言います、

> Where be these enemies? Capulet, Montague?
> See what a scourge is laid upon your hate,
> That heaven finds means to kill your joys with love!
> （仇同士の両人は何処にいる？　キャピュレット！モンタギュー！
> どうだ、其の方たちの相互の憎しみの上に、どんな天罰が下されたか、
> また天は、其の方たちの喜びたるべき子宝が、互いに相愛すること
> によって、却って互いに滅ぼし合うという、そうした手段をとられ
> ることもわかったろう。）

（中野好夫訳）

ロミオとジュリエットの愛を踏みにじったのは敵対する家と家の憎しみなのです。愚かなキャプレット家とモンタギュー家、それらはイタリアの両家なのであって、決してイギリスの話ではありません。しかし、この悲劇を目の前で観ている当時のイギリスの観客に感じられた両家の憎しみと争いは、遠い異国の状況ではなかったでしょう。キャプレットとモンタギューを「カトリック」と「プロテスタント」に置き換えたら、当時の観客たちは胸の詰まる思いを切実に感じたことでしょう。同じキリスト教を信仰しながら、敵同士であったカトリック勢力とプロテスタント勢力の権

力争いに翻弄されたのは、メアリー女王とエリザベス一世という女性でした。彼女たちの悲しみと苦悶を想像してみれば、ジュリエットの悲しみは計り知れないものになるでしょう。ロミオとジュリエットの悲劇を感じることによって宗教戦争で人々が失った愛を実感できることでしょう。

　ハムレットは一幕五場で父親の亡霊に出会い、復讐を誓った直後に以下のように言います。

> The time is out of joint, O cursed spite,
> That ever I was born to set it right!
> （この世の箍が外れてしまった。なんという因果だ、
> 俺が生まれてきたのは、それを正すためだったのか。）
>
> 　　　　　　　　　　　　　　　　　　　（河合祥一郎訳）

シェイクスピア時代の観客が "The time" はシェイクスピアと観客が共有している「今」であり、"out of joint" は「混乱」だと感じても不自然ではありません。その混乱を招いた "cursed spite"「呪われた悪意」を "set it right"「正す」ために生まれたのだとハムレットは自分の運命を解釈します。コペルニクスが地動説を唱え、当時のキリスト教信仰の基盤であった天動説が崩壊し始めていました。天使が存在している天上界はフィクションであり、真実ではないと科学者たちは主張し始めていました。それとともに、カトリックの信仰もその根拠たる天上界を失い、キリスト教信仰を一から見直さなければならない危機的状況に陥っていました。そして、プロテスタントが台頭し、クリストファー・マーローを代表とする無神論も出現しました。神は、天岩戸に隠れたように姿を消し、ベン・ジョンソンが暴露したように人々は権力欲と物欲と性欲に溺れ、時代は暴力と戦争に明け暮れる現状でした。それでも、キリスト教を信じようとする信仰に厚い人々はイエスの教えである「愛」によって時代の混乱を正さなければならないという使命感を感じていたのでしょう。シェイクスピアがことさら「愛」を主張するのは、このような願いがあったからではなかったでしょうか。このようなエリザベス朝の時代的混乱を考慮すれば、ハムレッ

トの一句もより理解が広がり深まることでしょう。なぜなら、今の私たちの世界がまさに混乱しているからです。

シェイクスピア時代の常識

　シェイクスピアの時代は、日本でも戦国時代にあたり、宗教改革の拡大とともにヨーロッパの支配権をめぐり宗教戦争に巻きこまれた時代でした。この時代はまた、天動説の宇宙像が地動説の宇宙像に変革される科学の時代の黎明期でしたが、人々の常識は依然として天動説の宇宙像を土台にしていました。『ベニスの商人』の五幕一場の一節を見てみましょう。

How sweet the moonlight sleeps upon this bank!

Here will we sit, and let the sounds of music

Creep in our ears. Soft stillness and the night

Become the touches of sweet harmony.

Sit, Jessica. Look how the floor of heaven

Is thick inlaid with the patens of bright gold:

There's not the smallest orb which thou behold'st

But in his motion like an angel sings,

Still quiring to the young-ey'd cherubins;

Such harmony is in immortal souls,

But whilst this muddy vesture of decay

Doth grossly close it in, we cannot hear it.

（この堤に眠る月の光のなんと美しいことか！

われわれもここに腰をおろし、忍びよる楽の音に

耳を傾けるとしよう。やわらかく夜を包む

この静けさは、妙なる音楽を聞くにふさわしい。

おすわり、ジェシカ。どうだ、この夜空は！

まるで床一面に黄金の小皿を散りばめたようだ。

きみの目に映るどんな小さな星屑も、みんな

天をめぐりながら、天使のように歌を歌っているのだ、
あどけない瞳の天童たちに声を合わせてな。
不滅の魂はつねにそのような音楽を奏でている、
ただ、いずれは塵と朽ちはてる肉体がわれわれを
くるんでいるあいだは、それが聞こえないのだ。)

(小田島雄志訳)

　時は夜、場所は庭園、月が照り、満天の星が見えている。室内からは楽士たちが奏でる音楽が聞こえてくる。愛する女性と一時を過ごすには素晴らしい設定です。英語では「音楽」を "sweet harmony" と言い換えています。「夜空」を "the floor of heaven"、「満天の星」を "thick inlaid with the patens of bright gold" と表現しています。また、語順を整理してみれば "the smallest orb" が主語で "in his motion"「回転しながら」、"like an angel"「天使のように」"sings"「歌っている」と表現しています。尚かつ、"the smallest orb" が "Still quiring to the young-ey'd cherubins"「つねに若い目をしたケルビムたちに合わせ合唱している」と描写されています。現代の日本人の我々なら、すべてをシェイクスピアが想像力を駆使して比喩したものと理解するでしょう。しかし、『エリザベス朝の世界像』(筑摩叢書、1992) (E. M. W. Tillyard, *The Elizabethan World Picture*, 1943) によると、シェイクスピアは天動説の世界観を表現していたことが理解できます。それは、エリザベス朝に生きていた人々の常識であり、地動説の世界に生きている現代人の常識とは異なっていたことがわかります。地球が宇宙の中心で、地球の周りを回転する初めの天球 ("the smallest orb") は「月」の天球であり、月には「天使 ("angels")」が存在し、次に水星、金星、太陽、火星、木星、土星の順番で各天球を回転し、一番遠い天球は「恒星天」という恒星が張りついた ("thick inlaid with the patens of bright gold") 天球でした。その恒星天に「ケラビム ("cherubins")」という天使たちが存在し、各階級の天使たちは異なる音色の歌を歌っていましたがその合唱は「調和 ("harmony")」していました。その月より上の天上界の天使たちの歌声は「天球の音楽」("the music of the spheres") と呼ばれる永遠の響きでした。

ロレンゾーはジェシカにこの天球の音楽の話を教養たっぷりに語っているのです。これがエリザベス朝の常識であって、現在ではただの迷信、もしくは美しいフィクションなのです。このようにシェイクスピアのテキストから今とは違う時代の常識を知ることができます。

シェイクスピアと英語聖書

「ソネット105番[22]」でシェイクスピアは以下のように述べています。

> "Fair," "kind," and "true" is all my argument,
> "Fair," "kind," and "true" varying to other words,
> And in this change is my invention spent,
> （「真・善・美」が私の主題のすべてであり、
> 「真・善・美」を別のことばに言いかえる
> その言いかえに私の創意工夫のすべてがある、）

（小田島雄志訳）

シェイクスピアは、"fair," "kind," and "true" こそが彼の願いであり、それしか望まないのです。その願いを自分の文才を駆使して、喜劇や悲劇の作品として生み出しているのだと言っています。"Fair," "kind," and "true" は、ゆえに、シェイクスピアの本心を理解するために極めて重要な表現なのです。しかし、訳の一例を見てみると、「真・善・美」と訳されています。これはギリシャ哲学の真、善、美が解釈の参考になっています。高松雄一訳では「美しく、優しく、真実の」と訳され、坪内逍遙訳では「美にして慈にして眞なり」と訳されています。言葉の順番通りに訳せば、「美しく」「親切で」「真実だ」という順番になります。三つの言葉は品詞的には、すべて形容詞です。ゆえに "Be fair, kind, and true!" と理解しても意

---

[22] YouTube 動画「Sonnet 105: Hideyuki Shimizu」をご視聴ください。

味に変わりはありません。この順番をどうしてギリシャ哲学を参考に「真、善、美」という順番に変える必要があるのでしょうか。ここに、一つの疑問が私の心に浮かぶ良いきっかけになりました。なぜ、シェイクスピアは "fair, kind, and true" の順番にしたのでしょうか。この順番でなければいけない何か強い根拠があるのではないかと思わされたのです。シェイクスピアの生きていた頃、当時の人々に強い影響を与えた本が出版されました。それは『ジュネーヴ聖書』（1560）という英語に訳された聖書でした。イエス・キリストの言葉の影響は、たとえば、ソネット29番の友情に対する深い思いにイエスの "Greater love has no one than this, than to lay down one's life for his friends."（「ヨハネ伝、15章15節」）という言葉が想起されます。"Fair, kind, and true" の順番に関しても、イエスの言葉を探して見ると、"justice and mercy and faith"（「マタイ伝」、23章23節）という言葉が発見できました。この言葉は、『欽定訳聖書』では "judgment, mercy, and faith" となっており、『ジュネーヴ聖書』では "iudgement, and mercie, & fidelitie" となっています。このイエスの言葉の順番は、"fair, kind, and true" と一致しているのです。"Judgement" は、聖書の世界では「神の裁き」が元々の意味ですが、現代では "justice" と理解され、OED の "judgement" の 10, a. には "justice, righteousness, equity" という意味が載っています。"Judgement" をゲルマン語系の単語で言い換えれば、"fair" でよいし、"mercy" は "kind" で、"faith" 及び "fedelitie" は "true" と言い換えられます。シェイクスピアが自分の主張のすべては "fair, kind, and true" なのだと言うとき、その背景にイエスの言葉があると発見できました。ギリシャ哲学の「真、善、美」を持ち出す前に、英語聖書の影響があることを指摘できたのではないでしょうか。

シェイクスピアの思想研究

　シェイクスピアの思想を理解しようとする試みは、同時にヨーロッパの思想の土台をなすキリスト教理解に繋がります。この点、日本人の理解力は宗教性を受け入れない傾向がありシェイクスピアの思想を自文化中心主

義的に理解しがちだと思われます。これまでの日本のシェイクスピア学者の諸説もキリスト教には触れずに、近代の哲学的、思想的観点からシェイクスピア文学を論じてきたように思われます。しかし、シェイクスピアを繰り返し読むと、「愛」と「死」が描写されていることが明確に理解できますし、ハムレットの "Readiness is all." こそ、シェイクスピアがたどり着いた思想なのだと多くの研究者が力説しています。ここでは、シェイクスピアが重要視している思想としてあらかじめ「メメント・モリ」と「カルペ・ディエム」そして "Readiness is all." について考察してみたいと思います。

メメント・モリとカルペ・ディエム

「ソネット18番」を読んでも『ロミオとジュリエット』を読んでも、「愛」と「死」の心象が読者の脳裏に印象深く残ることでしょう。美しい夏の一日に喩えられる「君」に対する詩人の愛は死を超越し人類とともに生き続けるのだという主張の中にメメント・モリ「死を想え」という思想とカルペ・ディエム「今日を掴め」という思想が含意されています。ジュリエットは五幕三場で最後にこう言い、息を引き取ります。

O happy dagger,

This is thy sheath; there rest, and let me die.

ああ　幸せな短剣、

ここがあなたの鞘よ、そこに納まりなさい、私を死なせて。

（筆者訳）

ジュリエットは自分の胸をロミオの短剣で刺し、死んでいきます。この死という結末で、ジュリエットとロミオは永遠の愛を手に入れたのです。シェイクスピアは見事にメメント・モリとカルペ・ディエムを融合させています。このような愛と死の結合は、シェイクスピア文学のなかでも最も美しい瞬間なのでしょう。

しかし、このメメント・モリとカルペ・ディエムという西洋の二大思想がいつ頃から登場してきたのだろうかと疑問を抱くと、また別の研究が生じることになります。昨今のネット社会であれば容易に検索し調べることが可能となりました。それこそウィキペディアを使えば次のような情報を得られます。古代ローマでは「「メメント・モリ」の趣旨は carpe diem（今を楽しめ）ということで「食べ、飲め、そして陽気になろう。我々は明日死ぬから」というアドバイスであった。ホラティウスの詩には「Nunc est bibendum, nunc pede libero pulsanda tellus.」（今は飲むべきだ、今は気ままに大地を踏み鳴らすべきだ）とある。」一方、カルペ・ディエムをウィキペディアで調べると、「飲みかつ食べよう、明日死ぬのだから」という語句が『イザヤ書』22 章 13 節および『コリント人への第一の手紙』15 章 32 節に登場することがわかります。また、この語句が『コヘレトの言葉』（『伝道の書』）9 章にも遡れることがわかります。

　　4　For to him that is joined to all the living there is hope: for a living dog is better than a dead lion.

　　5　For the living know that they shall die: but the dead know not any thing, neither have they any more a reward; for the memory of them is forgotten.

　　6　Also their love, and their hatred, and their envy, is now perished; neither have they any more a portion for ever in any thing that is done under the sun.

　　7　Go the way, eat thy bread with joy, and drink thy wine with a merry heart; for God now accepteth thy works.

　　8　Let thy garments be always white; and let thy head lack no ointment.

　　9　Live joyfully with the wife whom thou lovest all the days of the life of thy vanity, which he hath given thee under the sun, all the days of thy vanity: for that is thy portion in this life, and in thy labor which thou takest under the sun.

　『伝道の書』はソロモン（紀元前 1011 年頃～紀元前 931 年頃）の教えと伝えられています。栄華を誇ったソロモンの悟りの言葉であれば、一度

は考察すべきでしょう。なかでも "to him that is joined to all the living there is hope"「生ある人々に与る者には希望がある」、"the living know that they shall die:"「生きている者は自分たちが死ぬべき運命にあることを知っている」、"eat thy bread with joy, and drink thy wine with a merry heart, for God now accepteth thy works."「喜んで汝のパンを食べよ、楽しい気持で汝のワインを飲め、なぜなら神が今でこそ汝の仕事を受け入れてくださるからである。」、"Live joyfully with the wife whom thou lovest all the days of the life of thy vanity,"「汝の空しい人生を通して汝が愛する妻と睦まじく生きよ」(いずれも筆者訳)、という言葉を総合すると、メメント・モリとカルペ・ディエムの源泉を感じ取ることができます。

　このように、西洋に脈々と流れる中心的思想であるメメント・モリとカルペ・ディエムをシェイクスピア文学を通して知ることができるのです。

"Readiness is all"

　シェイクスピア自身の思想はどうなのでしょうか。多くのシェイクスピア研究者が考察をしてきています。彼自身の思想を考えるときに以下の三つの台詞が重要だと思われます。

> "The time is out of joint, O cursed spite,
> That ever I was born to set it right!"
> (*Hamlet*, I. v.)
> 「時代の箍が外れた、なんと呪われた運命か、
> 　この私が生まれたのはそれを正すためだとは！」

このハムレットの台詞で注目すべきは "The time" です。「時代」とはシェイクスピアが生きている「今」なのです。彼は、カトリックとプロテスタントの宗教戦争の最中に生きていました。そして、天動説の崩壊によりキリスト教信仰も疑われる時代を生きていました。その疑いの象徴はデカルトの懐疑主義であり、哲学の時代が到来したと考えられます。シェイクス

ピアはキリスト教信仰に代わり、信じるべき何かを見出すことができたのでしょうか。

> Not a whit, we defy augury. There is special providence in the fall of a
> sparrow. If it be now, ''tis not to come—if it be not to come, it will be
> now—if it be not now, yet it will come—the readiness is all. Since no man,
> of aught he leaves, knows what is't to leave betimes, let be.
> (*Hamlet*, V. ii.)

ハムレットは言います、「雀一羽落ちるのにも特別な神意があるのだ。」ここで "the fall" を「死」と理解すれば、その後の "If it be now," 以下の "it" は神意としての「死」を意味していると解釈できます。「死が今であれば、後には来ない――後に来ないのであれば、今が死ぬ時――今でないとしても、やがては来るのだ――覚悟が肝心だ。」神の意志である死がいつ来てもよいように心の準備をしておくことだと、シェイクスピアは悟ったのでしょうか。まさに、メメント・モリを伝えています。
　そのような死すべき運命を意識しながら人々はどのように生きたらよいのでしょうか。『リア王』の最後でエドガーが言うのです。

> EDGAR The weight of this sad time we must obey;
> Speak what we feel, not what we ought to say.
> (*King Lear*, V. iii.)
> エドガー：我々はこの悲しい時の重荷を耐えなければならない、
> 我々の感じることを語ろう、言うべき事ではなく。
>
> 　　　　　　　　　　　　　　　　　　　　　　（筆者訳）

このエドガーの台詞で私が感じることは、これはまさにカウンセリングの自己開示を意味しているということです。この台詞を読んでフロイトは超自我や抑圧に気づいた可能性も考えられるし、フロイトを土台として現代のカウンセリングにおける共感的理解や抑圧された感情の自己開示が発展

してきたように思えます。本当の気持を相手に率直に伝えるという発想はコミュニケーション研究の基礎を築いたようにも思えます。そう考えると、シェイクスピアは歴史的にコミュニケーションに関する重大な示唆をしていたことになります。エドガーの台詞とコミュニケーション技術の関連性は今後検討されるべき日本の我々の時代の重要な課題であろうと思われます。

　結局、シェイクスピアの最も重要な思想は何だったのでしょうか。そう疑問に思うと、私にはやはりソネット105番が思い浮かんでしまうのです。

> "Kind is my love to-day, to-morrow kind,
> Still constant in a wondrous excellence,"

> "Fair, kind, and true, is all my argument,
> Fair, kind, and true, varying to other words,
> And in this change is my invention spent,
> Three themes in one, which wondrous scope affords."
> （Sonnet CV）

第3節で議論したように、"fair" を "justice" と解釈すれば、"fair, kind, and true" は「公平で、親切で、偽りのないこと」と理解できます。シェイクスピアはイエスの言葉に人生で最も重要な哲学を見出したのではないでしょうか。哲学は我々の生き方を決定する「言葉」であり、現代ならば「認知」と呼ばれています。シェイクスピアの生き方を決定した認知はイエスの言葉であったのだろうと思うのです。そして、その言葉に、崩壊する時代の精神的混乱を乗り切る信仰を再発見できたのではないかと私には思えます。

　このように現代人の我々はシェイクスピアの思想を考察することで自分自身の生き方を発見するきっかけを得ることができると思うのです。

　大学では人間としての高い教養を身につけるためにシェイクスピアの英

語に触れることが非常に重要です。そのためには、中学校で教師が英語の発音を指導し、生徒は英会話を楽しめる英語教育改革が必要です。そして、高校で英語の読み書きを訓練した生徒たちが大学に来るのでなければなりません。中学校で英語の発音を指導しなければ、大学での英語教育は国民の不満の対象になり続けるでしょう。

おわりに

　昨今の日本の大学では「コミュニケーション手段としての英語」を教えることが必須の課題となっています。日本人は英語でコミュニケーションができないと一般的に言われています。この見解は、じつは、日本の英語教育の完全な失敗を意味しており、日本の国際貿易にとって弊害となっています。産業界からは当然我が国の英語教育に対する改革が切望されていますが、中学校から大学まで英語教育を変革できる妙案はなく、また、改革の指導者も台頭していません。このような現状の重大な原因は、日本人の英語教師が英語の発音を指導しないところにあるというのが私の主張のすべて（"all my argument"）です。

　私は、学習院大学文学部イギリス文学科時代の四年間、学科所属の「シェイクスピア劇研究会」で原語上演に携わってきました。この経験は、英語教育における発音指導の研究開発へと私を導いてくれました。また、イギリスが生んだ世界の文豪の文学世界を探求する道へと私を導いてくれました。私は今だからこそ大学の部活動にシェイクスピア英語朗読を学ぶ会を復活させて欲しいと願っています。本書の第 1 章から第 3 章までの議論を参考にしていただければ学生同士のグループでもシェイクスピアを英語で朗読することは可能になります。また、シェイクスピア英語朗読活動を支援してくださる教授陣がいてくださると理想的です。学生たちがカタカナ発音でなく、下降調のイントネーションを意識し、シェイクスピアの名台詞の音楽のような英語に親しんでもらいたいと願っています。そのような学生の自主的な学びこそ大学が復活させるべき英語教育だと主張します。

　関東学院大学のシェイクスピア原語上演活動は関東学院女子専門学校時代の 1948 年に第 1 回公演 *The Merchant of Venice* で始まり今日に至っ

ているそうです。長年指導に尽されてきた瀬沼達也さんは私の学生時代からの友人です。彼はシェイクスピア原語上演を継続され2023年に50周年を迎えられました。関東学院大学を定年後もYSG（Yokohama Shakespeare Group）やSAYNK（Shakespeareを Aiする Yukaiな Nakama たちの kai）を活動の場として日英語にてシェイクスピア原語上演を継続しておられます。関東学院大学の学生によるシェイクスピア劇上演も2023年には日本語による上演となったようですが、英語教育の大きな壁を感じざるをえません。瀬沼氏も私も70歳を越えました。若い人たちにシェイクスピア原語上演のスキルと楽しさを伝えていく役割をひしひしと感じています。

　友人の高木登さんは元企業人でありながら、「雑司ヶ谷シェイクスピアの森」のメンバーとして長年シェイクスピアを原語で読み続けていらっしゃいました。高木氏と私を出会わせてくださったのは私の恩師荒井良雄先生でした。高木氏はシェイクスピアのソネットを原語で読む会も主宰され、後に私も参加させていただきました。参加者は一般人で、みなさん楽しくシェイクスピアを原語で学ばれソネットを完読されました。現在は、年に一度、「荒井良雄先生記念クリスマス日英語朗読会」にてシェイクスピアの作品を英語と日本語で朗読し楽しんでおります。

　その高木氏に紹介していただいたのは、『沙翁百人一句』（*Famous Quotes from One Hundred Different Shakespeare Characters*）でした。シェイクスピアの名句をカルタにして英語教育に貢献しようと企図されたのは上野政詞さんです。2023年の初夏にそのカルタ会に私も参加させていただきました。上野氏が、「If music be the food of love, play on」と読み上げると、みんなで「Give me excess of it」の札を探すという大変楽しいシェイクスピアの学び方でした。上野氏は現在名古屋を活動の場として中学生からシェイクスピアを学べる活動を続けていらっしゃいます。

　現在、シェイクスピアの英語はこのような個人的努力に頼らないと学ぶ機会がありません。「ありません」と断言はできないのですが、少なくとも現在は大学でシェイクスピアを学べる機会は希になってしまいました。なぜなら、大学の英語教育も訳読中心で先生方も英語の発音が苦手だから

です。そして、残念ながら大学ではシェイクスピアがほとんど姿を消してしまいました。日本の英語教育は中学校から発音を学び英会話ができるように改革しなければなりません。

　本書では、第1章から第3章において、日本の英語教育の問題点を再認識し、改革の提案を示唆してきました。第4章では、シェイクスピアの英語から英語現象そのものを理解しようと試み、シェイクスピア劇の上演および詩の朗読によって日本の英語教育を改革する提案をし、さらに、世界的に人間の精神的成長を促してきたシェイクスピア文学を研究する意義を示唆しようと試みました。

　中学や高校でもシェイクスピアで英語教育はできます。ましてや、大学でシェイクスピアが蔑ろにされている現状を見て見ぬ振りをしてはいけないのです。今しなければいけない英語教育改革は中学校での発音指導なのです。中学校の生徒たちが正しい英語発音を習得し、英語でのコミュニケーションを楽しんでいる姿を想像し、このシェイクスピア英語教育擁護論の幕を下ろしたいと思います。

【参考文献】

Allen, W. Stannard, *Living English Speech*, Longman, 1954.

Couper-Kuhlen, Elizabeth, *An Introduction to English Prosody*, Arnold, 1986.

Fromkin, Victoria ＆ Rodman, Robert, *An Introduction to Language*, fourth edition, Holt, Rinehart and Winston, 1988.

Tillyard, E. M. W., *The Elizabethan World Picture*, 1943.

ヒューズ、A. ＆ トラッドギル, P.『イギリス英語のアクセントと方言』　鳥居次好＆渡辺時夫訳　研究社　1984.

ブルーム、ハロルド　『影響の解剖』　有泉宇宙他訳　小鳥遊書房　2023.

マシューズ、コンスタンス・メアリ『英語ものがたり』小田基訳　金星堂　1984.

島岡丘『教室の英語音声学』研究社　1986.

竹林滋『英語音声学入門』大修館　1982.

竹蓋幸夫『日本人英語の科学』研究社　1982.

福地肇『談話の構造』大修館　1985.

古庄信『シェイクスピアは三度がお好き ?!』英宝社　2021.

渡辺和幸『現代英語のイントネーション』研究社　1980.

シェイクスピア英語教育
授業ノートより

シェイクスピアの英語で発音指導をした事例として学習院女子大学でおこなった「英語演習II・I」の授業資料の一部を以下に添付します。教科書として『シェイクスピア名セリフ集』（荒井良雄編、朝日出版、2013）を使用しました。

第1回

「英語のリズム」：O Mistress Mine（p. 92.）

大きな疑問：世界の言語の発音方法にはさまざまな違いがある。しかし、母音発声法には主に二つの違いがあり、それは「声門閉鎖」を使い母音の発音を終わらせる方法と「子音」を使用し母音の発音を終わらせる方法である。アジアの言語は「声門閉鎖」を使う傾向が優勢であり、ヨーロッパの言語は「子音」を使う傾向が優勢である。このような違いはなぜアジアとヨーロッパの違いとなるのであろうか。

1　日本語と英語の発音の違い

1-1　母音の発音方法の違い

母音の音質の違い（the difference of the vowel sounds of Japanese and English）はなぜ生じるのか。

日本語：舌を上下に動かして母音の違いを調音する。
英語：舌を動かす意識ではなく、顎と唇を動かして母音の違いを調音する。

舌の前後の位置 (唇の形) / 顎の下げ方	前舌母音 顎と舌を前方にずらす （唇が左右に広がる）	中舌母音 顎と舌は自然な位置 （唇も自然な形）	後舌母音 唇を丸める （顎と舌がやや奥に移動）
顎を若干下げる （若干口が開く）	（1）[i]	（4）[ə] 弱母音（weak vowel）	（7）[u]
顎を中程度に下げる （口が中程度に開く）	（2）[e]	（5）[ʌ]	（8）[o]
顎を大きく下げる （口が大きく開く）	（3）[æ]	（6）[a]	（9）[ɑ] [ɔ] （米）（英）

英語母音発音記号表（作成：清水英之）

1-2 日本語と英語の発声法（diction）は違う

日本語の発声：主に胸式呼吸（thoracic breathing）で発声し、声門閉鎖を使用し平坦な調子の母音の連続になる。

英語の発声：腹式呼吸（abdominal breathing）で発声し、腹筋に力を入れ強く発音される母音（stress accent）がありリズム（rhythm）が生じる。

1-3 日本語と英語の語順の違いはなぜ生じたか

情報構造（information structure）による語順の違いの理解：英語では最も重要な情報が後置される。英語では文の最後の単語に強調が置かれる。

日本語：SOV

英語：SVO

1-4 英語における子音の機能

日本語:声門で母音の発音を切る（声門閉鎖):開音節と呼ばれている。

英語：母音の後に子音をつけ母音の発音を切る：閉音節と呼ばれている。

疑問に対する推論：人類は環境の違いにより身体も変化する。温暖な気候のなかで生きる人類は舌を動かす習慣から彼らの言語を成立させた。一方、寒冷な気候条件で生活することになった人類は舌がよく動かせない状況のなかで彼らの言語を成立させた。ゆえにアジアとヨーロッパの言語の発音には明確な差異が生じたのではないだろうか。

2　英語にリズムをつけて発音しよう

2-1　強勢（アクセント）のある母音を下腹に力を入れて
長めに発音しよう。強勢のない母音（弱母音）は短めに発音しよう。

místress　róaming　cóming　fúrther　prétty　swéeting　jóurneys
lóvers　méeting　évery　hereáfter　présent　láughter　unsúre　deláy
plénty　twénty　endúre

2-2　子音の役割：前の母音の発音を止める

mistress　mine　roaming　love's　coming　that　sing　both　trip
meeting　doth　what　not　present　mirth　come　still　sweet　stuff

2-3-1　前舌母音の発音（英語母音発音記号表を参照）

(1) mistress　hear　sing　trip　pretty　sweeting　meeting　'tis　is
　　still　kiss　me
(2) where　stay　end　every　present　delay　there　plenty　then
　　twenty
(3) that　man　hath

2-3-2　中舌母音の発音（英語母音発音記号表を参照）

(4) can　further　journeys　mirth
(5) love's　coming　lovers　son　stuff
(6) mine　high　wise　hereafter　laughter　lies

2-3-3　後舌母音の発音（英語母音発音記号表を参照）

(7) you　true　unsure　Youth's

(8) O　roaming　both　low　no　know

(9) what　not

2-4　子音と母音の連続

where are ｜ Journeys end in ｜ What is ｜ come is ｜ still unsure ｜
sweet and ｜ Youth's a ｜ not endure

2-5　子音と子音の連続

mistress mine ｜ and hear ｜ love's coming ｜ That can sing both high ｜
and low Trip no ｜ lovers meeting ｜ wise man's son doth know ｜ 'tis not
hereafter ｜ Present mirth hath present laughter ｜ What's to ｜ lies no ｜
then come kiss me ｜ and twenty ｜ stuff will not

「英語のイントネーション」：O Mistress Mine

大前提：世界にはイントネーションで考える言語が存在している。

　大きな疑問：人間はなぜ考えることができるのだろうか。世界の言語には助詞を付属させて思考を成立させる言語（膠着語）と、イントネーションをつけて思考を成立させる言語が存在していると推察される。しかし、なぜそのような思考方法の違いが現象的に生じたのかは疑問のままである。

1　英語のイントネーション（intonation）

1-1　英語のイントネーションは音の高低
　単語や語句の初めの母音にピッチ・アクセント（pitch accent）をつけて高低の差を生じさせる。

1-2　英語には下降調のイントネーションをつけるのが常識である
　下降調のイントネーションは、高音（pitch）を初めの母音につけ、低音に下がる音色のこと。

mistress　where　stay　hear　high　trip　further　journeys　end
lovers　son

1-3　単語の終わりに上昇調のイントネーションをつけると疑問になる

2　英語はイントネーションで考える言語

2-1　主語句＋動詞句＋副詞句ごとにイントネーションをつけよう

　下降調のイントネーションは文を構成する語句単位につけられ、主語句、動詞句、副詞句などを区分し「思考」を成立させている。日本語は単語に助詞を付加して文法的語句を区分し「思考」を成立させている。その結果、英語にはメロディーが感じられ、日本語は平坦な音調になる。

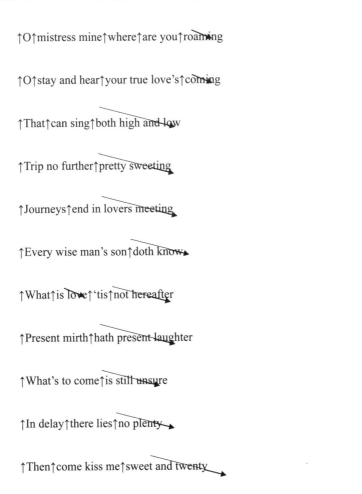

↑O↑mistress mine↑where↑are you↑roaming

↑O↑stay and hear↑your true love's↑coming

↑That↑can sing↑both high and low

↑Trip no further↑pretty sweeting

↑Journeys↑end in lovers meeting

↑Every wise man's son↑doth know

↑What↑is love↑'tis↑not hereafter

↑Present mirth↑hath present laughter

↑What's to come↑is still unsure

↑In delay↑there lies↑no plenty

↑Then↑come kiss me↑sweet and twenty

↑Youth's a stuff↑will not endure ➘

本日の結論

　英語にはリズムとイントネーションがある。リズムは腹筋を使って強く発音し（ストレス・アクセント）、イントネーションは高音（ピッチ・アクセント）をつけて発音する。英語の発音は祭り囃子だ！

　　ピーヒャラドン

　　ピーヒャラ・ピーヒャラドン

　　ピーヒャラ・ピーヒャラ・ピーヒャラドン

　備考：以下の Youtube 動画を参考にしてください。

　　　Hideyuki Shimizu: 英語のリズムと弱母音

　　　Hideyuki Shimizu: 英語には「ピーヒャラ」という抑揚がある

　　　Hideyuki Shimizu: 日本語と英語では考える方法が違う

　　　Hideyuki Shimizu: Shakespeare's O Mistress Mine

　　　Graham Durden: O Mistress Mine

第3回

人間が属する二つの世界：
Under the Greenwood Tree (p. 90.)

1　子音の発音

　日本語の子音は、「マミムメモ」「パピプペポ」「バビブベボ」以外はほとんど舌の動きでなされてしまい、唇の動きをあえて必要としません。しかし、「舌の動きを意識しない」のが英語の発音の一般的傾向だとすると、子音についてもその傾向が強くなって当然です。英語の [p] [b] [f] [v] [ʃ] [ʒ] [tʃ] [dʒ] [m] [r] [j] [w] といった子音を挙げただけでも、いかに唇の動きを必要とするかが理解できます。とはいえ、日本語の子音の発音でも代用可能ならば、それはそれとして会話では問題ありません。しかし、[ʃ] [ʒ] [w] [r]、加えて [θ] については、混乱を避けるため再認識する必要があるでしょう。

(1) [ʃ]：唇を丸めて前に突き出し、腹筋に力を入れて、シューと息を出す。

shall、ambition、shun、unsure

(2) [tʃ]：teacher、church、chicken

(3) [ʒ]：[ʃ] の有声音：唇を丸めて前に突き出し、腹筋に力を入れて、ジューと息を出す。

pleasure、vision、leisure、confusion

(4) [dʒ]：journeys、endure、gentle、join

(5) [w]：唇を最小に丸め、腹筋に力を入れて、ワッと息を出す。

greenwood、who、with、sweet、winter、weather、what

(6) [r]：唇を丸める動き、腹筋に力を入れて、ウーと息を出す。

greenwood、tree、merry、throat、here、rough

唇の動きが伴えば、[r] と [l] は、すぐに区別ができる発音となるでしょう。

(7) [θ]：舌だけを前に動かそうとするのではなく、下アゴ全体を前にずらす動きによって上の歯に舌先を付け、腹筋に力を入れて上の歯と舌先の間からスーと息を出す。

throat、doth、both、mirth、hath

(8) [ð]：[θ] の有声音

the、with、hither、weather、that

2　人間が属する二つの世界

　前提：人間はつねに二つの世界に属している。一つは人間が創造した「社会」であり、もう一方は「自然」である。社会にはさまざまな支配服従関係が存在し健康を害する環境にもなる。自然には災害等もあるが支配服従的人間関係はなく自由が感じられ健康を回復する環境にもなる。

2-1　社会的存在としての人生

　社会とは支配と服従を基盤とする世界。「ストレス社会」とは交感神経系が過度に活性化する環境。

　　疑問１：シェイクスピアが生きていたエリザベス朝のイギリスはどのような社会であったか？
　　疑問２：私たちが住んでいる今の日本はどのような社会であるか？
　　疑問３：私たちが住んでいる今の国際社会はどのような状況であろうか？

2-2　人間が病気になるプロセス

　社会生活における過度な支配服従関係により交感神経が活性化し常時ストレスホルモンが分泌されると、自律神経系のバランスを崩す結果になり自律神経失調症が発症する。

2-3 自然的存在としての人生

本能的欲求（主に成長ホルモンと性ホルモンの影響）以外は自由な世界。「自然な世界」とは副交感神経系が活性化する安心と安楽の場を象徴している。

3 自律神経系のバランスをどう保つか

我々は努力すれば社会的に（経済力と地位）豊かになれる。「社会と自然の間で中枢神経がバランスを取れる限界を意識し健康を保つ」という認知を持ちつねにバランスを保とう。

まとめ

シェイクスピアが "Under the greenwood tree" という歌で人間に問いかけていることは、「私たちの幸・不幸は我々が属する二つの世界との関わり方による」ということではないか。

備考：YouTube 動画、を参考にしてください。

　　　Hideyuki Shimizu: Shakespeare's Under the Greenwood Tree

第4回

カルペ・ディエムの世界：Lovers (p. 24.)
Romeo and Juliet、バルコニーシーン

1　ストレス・アクセントのある母音の発音練習

1-1　前舌母音の発音

[i]：if、wilt、be、hear、speak、this、Tis、which、we、sweet、dear、
　　thee

[e]：wherefore、name、enemy、thyself、face、any、smell、perfection、
　　take

[æ]：Capulet、hand、man、that（指示代名詞）

1-2　中舌母音の発音

[ə]：deny、and、refuse、shall、that（関係代名詞）、belonging、as、
　　were、retain

[ʌ]：but、love、other、some

[a]：art、thou、deny、thy、father、my、arm、part、without、title、
　　part

1-3　後舌母音の発音

[u]：refuse、foot、would

[ou]：O、Romeo、no、though、rose、owes

[ɑ/ɔ]：or、not、sworn、longer、more、Montague、what、nor、
　　belonging、doff

2 英語表現の注意点

2-1 動詞の現在形と原形

(1) 現在形：「いつも (always) そうなる、そうである」と直感的に理解する。

Wherefore <u>art</u> thou Romio?

'Tis but thy name that <u>is</u> my enemy;

(2) 原形：「これからする、そうなる（未来のこと）」と直感的に理解する。

<u>Be</u> but sworn my love,

And I'll no longer <u>be</u> a Capulet.

2-2 仮定法における if の省略

So Romeo↑would, ↑<u>were he</u> not Romeo call'd,

↑Retain that dear perfection↑which he owes

3 カルペ・ディエムという思想

　前提：男性と女性はなぜ愛し合うのだろうか。西洋には「カルペ・ディエム」という思想がある。それは男性と女性が一つになることにより人間になれるという考えである。

　Carpe diem, quam minimum credula postero

　= Seize the present day, trusting little in the future.

　「未来などに信用を置かず、今日という日をとらえなさい」

　ホラティウス (Quintus Horatius Flaccus, 英語名：Horace, 65-8B.C.)：ローマの詩人

　Odes 1:11:8（104 の詩歌が収められた『歌集』(*Carmina*) の、第 1 巻第 11 歌にこの語句が現われる）

4 プラトンの人間論

Platon,（427-347B.C.）（英語名；Plato）：ソクラテスの弟子
天上界に完全なるイデア（Idea）がある。

　人間のイデア：男女が一体になるイメージこそが人間のイデアであり、
一体になりたいという気持が愛である。

結論

　シェイクスピアが『ロミオとジュリエット』でカルペ・ディエムという
思想を強調するのは、現在の脳科学的な理解をすれば以下のようになる。

　自律神経系の働きには、交感神経と副交感神経の働きがある。安心、楽
しさ、喜びが副交感神経系を活性化し、快適さを感じさせ、免疫力を高め
る。男女の愛のみならず人間が他者に抱く愛情はオキシトシン（幸せホル
モン）を分泌させ、人生を幸せに感じ、健康を維持するために必要不可欠
である。

第5回

人生の空しさについて：Nothing (p. 40.)
Macbeth の Tomorrow Speech

　大きな疑問：人生に意味はあるのだろうか。昔の人々にとって人生の意味とは何だったのだろうか。今を生きる我々にとって人生の意味とは何であろうか。

1　ストレス・アクセントのある母音の発音練習

1-1　前舌母音の発音

[i]：cr<u>ee</u>ps、th<u>i</u>s、syllable、br<u>ie</u>f、<u>i</u>diot、signify<u>i</u>ng

[e]：p<u>e</u>tty、p<u>a</u>ce、d<u>ay</u>、y<u>e</u>sterdays、w<u>ay</u>、d<u>ea</u>th、pl<u>ay</u>er、fr<u>e</u>ts、st<u>a</u>ge、th<u>e</u>n、t<u>a</u>le

[æ]：c<u>a</u>ndle、sh<u>a</u>dow

1-2　中舌母音の発音

[ə]：t<u>o</u>mórr<u>ow</u>、<u>a</u>nd、<u>i</u>n、fr<u>o</u>m、t<u>o</u>、th<u>e</u>、sýll<u>a</u>ble、<u>o</u>f、rec<u>ó</u>rded、yést<u>e</u>rd<u>ay</u>s、h<u>a</u>ve、th<u>a</u>t、up<u>ó</u>n、h<u>ea</u>rd、<u>i</u>t

[ʌ]：d<u>u</u>sty、b<u>u</u>t、str<u>u</u>ts、n<u>o</u>thing

[a]：l<u>a</u>st、t<u>i</u>me、l<u>i</u>ghted、<u>ou</u>t、life's、h<u>ou</u>r、s<u>ou</u>nd、signify<u>i</u>ng

1-3　後舌母音の発音

[u]：f<u>oo</u>ls、p<u>oo</u>r、f<u>u</u>ll、f<u>u</u>ry

[ou]：t<u>o</u>ld

[ɑ/ɔ]：tom<u>o</u>rrow、rec<u>o</u>rded、<u>a</u>ll、w<u>a</u>lking、up<u>o</u>n、m<u>o</u>re

2　現在形と未来形の区別

2-1　現在形は「いつも（always）そうだ、いつもそうなる」
と直感的に理解する

To-morrow, and to-morrow, and to-morrow,

<u>Creeps</u> in this petty pace from day to day

Life's but a walking shadow, a poor player

That <u>struts</u> and <u>frets</u> his hour upon the stage

2-2　動詞の原形（do）は未来を表わす

三人の魔女の予言（『マクベス』1 幕 3 場）

All hail, Macbeth! hail to thee, thane of Glamis!

All hail, Macbeth! hail to thee, thane of Cawdor!

All hail, Macbeth! that shalt <u>be</u> king hereafter!

3　過去形と現在完了形の区別

3-1　動詞の過去形：過去の出来事は、過去の時（then= あの時）を
意識すると過去形で表現される

3-2　動詞の過去分詞形（have ＋過去分詞→完了形）：
過去の出来事は、過去の事実だけを意識すると現在完了形で表現される

マクベスがダンカン王を暗殺した直後（2 幕 2 場）のマクベスの台詞

Still it <u>cried</u> 'Sleep no more!' to all the house:

'Glamis <u>hath murder'd</u> sleep, and therefore Cawdor

Shall sleep no more; Macbeth shall sleep no more.'

4　分詞構文を直感的に理解する

現在分詞と過去分詞などの分詞は形容詞の働きをし、文の補語になる。
S + V + C（第二文型）を意識する。

　　it(=Life) is a tale told by an idiot, <u>full</u> of sound and fury, <u>signifying</u> nothing.

5　表現及び文法事項

5-1　"the last <u>syllable</u> of <u>recorded</u> time"
　　　「記録された時間の最後の一節」とは？
　人の運命は星の世界に書かれていたのだろうか。占星術で運命を読むことはできたのか。

5-2　"lighted fools the way to dusty death"第４文型？

5-3　"Out"の品詞は何に？動詞？

6　マクベスの現在に人生の意味はあるのだろうか

罪とは何か：シェイクスピアの時代では、人間の堕落とは人間が自分自身に対する本当の知識を喪失したことであると考えられていた。天使の性質は純粋に知的であり、人間同様 "free will" をもっているが、それは神の意志に決して反することがない。天使たちは、直接に神を理解することができ、<u>自分自身を知っており</u>、<u>罪がまったくなく</u>、完全に満足している。

キリストに対する悪魔の誘惑：「マタイによる福音書４章８〜10節」

　8 Again, the devil took Him up on an exceedingly high mountain, and showed Him all the kingdoms of the world and their glory.

　9 And he said to Him, "All these things I will give You if You will fall down and worship me."

10 Then Jesus said to him, "Away with you, Satan! For it is written, 'You shall worship the Lord your God, and Him only you shall serve.' "

結論

シェイクスピアは『マクベス』のTomorrow Speechで過去と未来に意味がないことを私たちに示唆している。その意味の無い過去と未来に心がこだわり、不安と心配でストレスを受け続け、今の幸せを見失い、マクベスの人生は悲劇となってしまったのではないだろうか。

第6回

旧世界の宇宙：Universe (p. 70.)
The Merchant of Venice, V. i. より

1 ストレス・アクセントのある母音の発音練習

1-1 前舌母音の発音

[i]：sw<u>ee</u>t、sl<u>ee</u>ps、H<u>e</u>re will we s<u>i</u>t、cr<u>ee</u>p、<u>ea</u>rs、st<u>i</u>llness、th<u>i</u>ck、s<u>i</u>ngs

[e]：l<u>e</u>t、J<u>e</u>ssica、h<u>ea</u>ven、inl<u>ai</u>d、<u>a</u>ngel、ch<u>e</u>rubins、v<u>e</u>sture、dec<u>ay</u>

[æ]：b<u>a</u>nk、p<u>a</u>tens、c<u>a</u>nnot

1-2 中舌母音の発音

[ə]：th<u>i</u>s、w<u>i</u>ll w<u>e</u>、<u>a</u>nd、<u>o</u>f、th<u>e</u>、<u>i</u>s、w<u>i</u>th、wh<u>i</u>ch、<u>i</u>n <u>ou</u>r、d<u>o</u>th

[ʌ]：bec<u>o</u>me、t<u>ou</u>ches、b<u>u</u>t、y<u>ou</u>ng-ey'd、s<u>u</u>ch、m<u>u</u>ddy

[a]：s<u>ou</u>nds、n<u>i</u>ght、h<u>a</u>rmony、br<u>i</u>ght、th<u>ou</u>、q<u>ui</u>ring、wh<u>i</u>lst

1-3 後舌母音の発音

[u]：m<u>oo</u>nlight、m<u>u</u>sic、l<u>oo</u>k

[ou]：g<u>o</u>ld、beh<u>o</u>ld'st、m<u>o</u>tion、s<u>ou</u>ls、cl<u>o</u>se

[ɑ/ɔ]：up<u>o</u>n、s<u>o</u>ft、fl<u>oo</u>r、n<u>o</u>t、sm<u>a</u>llest、<u>o</u>rb、imm<u>o</u>rtal、gr<u>o</u>ssly

2　主語句や動詞句や副詞句の最初と最後の単語に注目し意味を直感的に理解。最初の単語にはピッチ・アクセント（↑）、最後の単語にはストレス・アクセント（＿）をつけよう。

↑How <u>sweet</u>↑the <u>moonlight</u>↑sleeps upon this <u>bank</u>!

如何に「美しく」／「月光」／「土手」… 眠る

↑Here will we <u>sit</u>, and↑let the sounds of <u>music</u>

ここ／「座る」／「音楽」を … させよう

↑Creep in our <u>ears</u>. ↑Soft <u>stillness</u> and the <u>night</u>

「耳の中」… 這う／柔らかな「静けさ」と「夜」

↑Become the touches of sweet <u>harmony</u>.

美しい「調べ」… に相応しい

↑Sit, <u>Jessica</u>. ↑Look how↑the floor of <u>heaven</u>

おすわり「ジェシカ」、ごらん／「天」の床

↑Is thick <u>inlaid</u>↑with patens of bright <u>gold</u>:

「はめ込まれて」いる／「黄金」… で

There's↑not the smallest <u>orb</u> which thou↑<u>behold'st</u>

最も小さい「天球」なんて … ない／君が／「見ている」

But↑in his <u>motion</u>↑like an <u>angel</u>↑<u>sings</u>,

だが／「動いて」／「天使」のように／「歌う」

Still↑quiring to the young-ey'd <u>cherubins</u>;

つねに／「智天使」… に合わせ合唱している

↑Such <u>harmony</u>↑is in immortal <u>souls</u>,

そのような「調べ」／「魂」… に存在する

But whilst↑this muddy vesture of <u>decay</u>

しかし／「滅び」の服

↑Doth <u>grossly</u>↑close it <u>in</u>, we↑cannot hear <u>it</u>.

厚く／閉じ込め／我々には／「それ」… 聞こえない

3　英語の始まりは
ゲルマン語族のアングロ・サクソン語であった

ゲルマン語の語順は原則的に日本語と一致している。

But ／ in his motion ／ like an angel ／ sings,

4　分詞構文

分詞は形容詞の働きをし、文の補語になる。S + V + C（第二文型）を
意識する。

> the smallest orb…sings,
>
> Still quiring to the young-ey'd cherubins;

5　天動説の世界

かつて人間は旧世界と呼ばれる宇宙の構造を信じていた。ゆえに旧世界
の人々が創作した文学を理解するためには旧世界を理解する必要がある。

天動説：エジプトのアレクサンドリアで活躍した古代ローマの天文学
者、数学者、地理学者、占星術師プトレマイオス（Ptolemaios, Claudius
Ptolemaeus, 83 年頃 - 168 年頃）の宇宙像。

5-1　（1）地球が宇宙の中心　（2）月より上は天上界　（3）天上界に天使が
存在　（4）天上界は永遠、不滅　（5）恒星天が存在　（6）至高天に神が存在

5-2　天使の存在と天球

9. 熾天使（seraphim）：至高天　　8. 智天使（cherubim）：恒星天

7. 座天使（thrones）：土星　　6. 主天使（dominations）：木星

5. 力天使（virtues）：火星　　4. 能天使（powers）：太陽

3. 権天使（principalities）：金星　　2. 大天使（archangels）：水星

1. 天使（angels）：月

5-3　天球の音楽

　天球を回転させているのは天使たちで、彼らは天球に座っており各々が違った調べを歌い美しいハーモニーをなしている。この音楽は、「天球の音楽（the music of the spheres）」と呼ばれ、肉体に遮られて人間の耳には聞こえない。しかし、堕落にいたる前の人間にはこの音楽を聞くことができる。詩人の知性（wit）（＝理解力）は現実を離れ天球の音楽に思いを馳せることができる。

第7回

旧世界の人間像：
What is a Man? (p. 62.)、*Hamlet*, II. ii. より

1　ストレス・アクセントのある母音の発音練習

1-1　前舌母音の発音

[i]：ind<u>ee</u>d、dispos<u>i</u>tion、s<u>ee</u>ms、app<u>ea</u>reth、p<u>ie</u>ce、r<u>ea</u>son、<u>i</u>nfinite

[e]：l<u>a</u>te、wh<u>e</u>refore、<u>e</u>xercises、h<u>ea</u>vily、fr<u>a</u>me、st<u>e</u>rile、<u>e</u>xcellent、<u>ai</u>r、br<u>a</u>ve、maj<u>e</u>stical、fr<u>e</u>tted、p<u>e</u>stilent、congreg<u>a</u>tion、v<u>a</u>pours、expr<u>e</u>ss、<u>a</u>ngel、appreh<u>e</u>nsion、quint<u>e</u>ssence、s<u>a</u>y

[æ]：h<u>a</u>ve、c<u>a</u>nopy、o'erh<u>a</u>nging、m<u>a</u>n、f<u>a</u>culties、<u>a</u>dmirable、<u>a</u>ction、appreh<u>e</u>nsion、p<u>a</u>ragon、<u>a</u>nimals

1-2　中舌母音の発音

[ə]：m<u>i</u>rth、<u>ea</u>rth、prómont<u>o</u>ry、éxc<u>e</u>llent、f<u>i</u>rmament、w<u>o</u>rk、w<u>o</u>rld、páragon、wóm<u>e</u>n

[ʌ]：b<u>u</u>t、c<u>u</u>stom、n<u>o</u>thing、d<u>u</u>st

[a]：fire、why、f<u>ou</u>l、h<u>ow</u>、l<u>i</u>ke、n<u>ei</u>ther

1-3　後舌母音の発音

[u]：g<u>oo</u>dly、l<u>oo</u>k you、r<u>oo</u>f、m<u>o</u>ving、b<u>eau</u>ty

[ou]：kn<u>ow</u>、g<u>oe</u>s、m<u>o</u>st、g<u>o</u>lden、n<u>o</u>ble、th<u>ou</u>gh、s<u>o</u>

[ɑ/ɔ]：n<u>o</u>t、forg<u>o</u>ne、l<u>o</u>st、<u>a</u>ll、pr<u>o</u>montory、c<u>o</u>ngregation、wh<u>a</u>t、f<u>o</u>rm、g<u>o</u>d

2　英語では下降調のイントネーションで
思考が成り立っている

　各語句の初めに pitch accent（↑）を付け、最後に stress accent（＿）を
つけて読み、脳で疑問（pitch）と解答（stress）を繰り返す。

　　↑What a piece of <u>work</u>↑is a <u>man</u>,

　　↑how <u>noble</u>↑in <u>reason</u>,↑how <u>infinite</u>↑in <u>faculties</u>,↑in <u>form</u>↑and <u>moving</u>,

　　↑how <u>express</u> and <u>admirable</u>↑in <u>action</u>,

　　↑how like an <u>angel</u>↑in <u>apprehension</u>,

　　↑how like a <u>god</u>!

　　↑the beauty of the <u>world</u>;↑the paragon of <u>animals</u>;

　　↑and yet to <u>me</u>↑what is this <u>quintessence</u>↑of <u>dust</u>?

3　現在完了形はなぜ have ＋過去分詞なのか

　現在形：「いつもそうである、いつもそうする（always）」と意識すると
現在時制になる。

　過去形：過去の出来事は過去の時「あの時（then）」を意識すると過去
時制になる。

　現在完了形：「過去の事実を持っている（have）」と意識すると現在完了
形になる。過去の事実は過去分詞で表現される。

　　I <u>have</u> of late—but wherefore I know not—<u>lost</u> all my mirth, <u>forgone</u> all

　　custom of exercises; and it goes so heavily with my disposition

4　旧世界の人間像

　シェイクスピアの住んでいた頃のイギリスには明確な人間および悲劇の
定義があった。

4-1　存在の鎖（The Chain of Being）

　神の御座のすそのから無生物の最もいやしいものにまで広がっている創造物の連鎖。その階層性は梯子（ladder）でも表現された。

被造物の階層性

　　↑神（宇宙の創造者）

　　↑天使（純粋なる理性）

　　↑人間（存在＋命＋感覚＋動き＋理性）

　　↑高等動物（存在＋命＋あらゆる感覚＋動き）

　　↑動物（存在＋命＋感覚＋動き）

　　↑下等動物（存在＋命＋感覚）

　　↑植物（存在＋命）

　　↑無生物（存在）

4-2　小宇宙としての人間の悲劇とは？

　大宇宙（macrocosm）に対応するものは小宇宙（microcosm）たる人間である。ピタゴラス派の教義によると、人間は宇宙のあらゆる機能を所有しているので小世界と呼ばれた。宇宙には神々、四大元素、獣、植物等がある。しかるに人間はこれらすべての諸機能をもっている。しかし、このようなさまざまな要素の混合物である人間は、さまざまな機能によってさまざまな方向へと引っ張られる。あるときは神のような要素により良い方向へと引っ張られ、あるときには獣のような要素により悪い方へと引っ張られる。16世紀全般にわたって受け入れられていた神学の主流はパウロ神学であり、パウロは、情念（passion）と理性（reason）との戦い（war）を第一に上げている。人間は獣的なものと理性的なもの、本能と悟性、欲望と意志といった対立を内部に抱え込んでいる存在であり、これが人間の悲劇（tragedy）であると考えていた。

4-3　旧世界における人間の脳の機能とは？

　脳は人間の最も高度な機能を有している。脳は三つの部分に分かれている。

（1）最上部：人間の最高機能である the reason が含まれ、理性により人間は獣と分けられ神や天使たちと同類になる。理性はさらに二つの部分に分かれ、それらは the understanding (or wit) と the will である。

（2）中間部：the common sense、the fancy、the memory の三つの部分に分かれており、the common sense は五感で受けた情報を受け取り要約するところである。

（3）最下部：五感（the five senses）を含んでいる。

第8回

神は愛であるという信仰：
Mercy Speech (p. 32.)、*The Merchant of Venice*, IV. i.
より

1 ストレス・アクセントのある母音の発音練習

1-1 前舌母音の発音

[i]：ben<u>ea</u>th、g<u>i</u>ves、'T<u>i</u>s、f<u>ea</u>r、s<u>ea</u>sons、pl<u>ea</u>、cons<u>i</u>der、t<u>ea</u>ch、d<u>ee</u>ds

[e]：str<u>ai</u>ned、g<u>e</u>ntle、r<u>ai</u>n、h<u>ea</u>ven、bl<u>e</u>st、t<u>a</u>kes、sc<u>e</u>ptre、t<u>e</u>mporal、
　　dr<u>ea</u>d、sw<u>ay</u>、pr<u>ay</u>、pr<u>ay</u>er、r<u>e</u>nder、V<u>e</u>nice

[æ]：<u>a</u>ttribute、m<u>a</u>jesty、s<u>a</u>lvation

1-2 中舌母音の発音

[ə]：m<u>e</u>rcy、<u>ea</u>rthly、temp<u>o</u>ral、c<u>o</u>nsider、m<u>e</u>rchant

[ʌ]：bec<u>o</u>mes、ab<u>o</u>ve、j<u>u</u>stice、n<u>o</u>ne

[a]：tw<u>i</u>ce、m<u>i</u>ghtiest、cr<u>ow</u>n、p<u>ow</u>er、h<u>ea</u>rts

1-3 後舌母音の発音

[u]：attrib<u>u</u>te、J<u>ew</u>

[ou]：thr<u>o</u>ned、sh<u>ow</u>s、enthr<u>o</u>ned、th<u>ou</u>gh

[ɑ/ɔ]：qu<u>a</u>lity、dr<u>o</u>pped、m<u>o</u>narch、f<u>o</u>rce、<u>awe</u>、G<u>o</u>d、c<u>ou</u>rse

2　Pitch accent と stress accent に強調を置き、主語句、動詞句、副詞句を下降調のイントネーションで区分して発音しよう。
脳の中で疑問（pitch）と解答（stress）を繰り返し、考えるように発音しよう。

↑ The quality of <u>mercy</u> ↑ is not <u>strain'd</u>,

It ↑ droppeth as the gentle <u>rain</u> ↑ from <u>heaven</u>

↑ Upon the place <u>beneath</u>. It ↑ is twice <u>blest</u>:

It ↑ blesseth him that <u>gives</u> ↑ and him that <u>takes</u>.

↑ Therefore, <u>Jew</u>,

↑ Though <u>justice</u> ↑ be thy <u>plea</u>, ↑ consider <u>this</u>,

That ↑ in the course of <u>justice</u>, ↑ none of <u>us</u>

↑ Should see <u>salvation</u>. We ↑ do pray for <u>mercy</u>,

And ↑ that same <u>prayer</u> ↑ doth teach us <u>all</u> ↑ to render

The deeds of <u>mercy</u>.

3　敵を愛せよ

大きな疑問：イエス・キリストはなぜ、敵を愛せよと言ったのか。完全なる者になるとはどういうことだろうか。

But I say unto you, Love your enemies, bless them that curse you, do good to them that hate you, and pray for them which despitefully use you, and persecute you; That ye may be the children of your Father which is in heaven: for he maketh his sun to rise on the evil and on the good, and sendeth rain on the just and on the unjust. ... Be ye therefore perfect, even as your Father which is in heaven is perfect.

(St. Matthew, 5, 44-48.)

4　罪のない者が初めに石を投げよ

So when they continued asking him, he lifted up himself, and said unto them, He that is without sin among you, let him first cast a stone at her. … And they which heard it, being convicted by their own conscience, went out one by one, … and Jesus was left alone, and the woman standing in the midst. When Jesus had lifted up himself, and saw none but the woman, he said unto her, Woman, where are those thine accusers? hath no man condemned thee? She said, No man, Lord. And Jesus said unto her, Neither do I condemn thee: go, and sin no more.

(*St. John*, 8,7-11)

5　完全なる者になる（Be ye therefore perfect）

　完全になるとは、一つの価値観で善と悪を判断するのではなく、多様な価値観を知って現象を理解することではないか。文化人類学で言うところの、文化相対主義であり、自文化中心主義を否定することではないだろうか。

6　完全性と人間の自律神経の働きと作用

交感神経の緊張：病気としての症状が出てくる
副交感神経の緊張：体の緊張を緩和し、免疫力を高める
中枢神経の働き：交感神経と副交感神経のバランスを取っている

自律神経系から理解される神と愛とは何だろうか

第9回

旧世界の崩壊
ハムレットの苦悩 (p. 78.)：To be, or not to be

1　ストレス・アクセントのある母音の発音練習

1-1　前舌母音の発音

[i]：slings、sleep、dream、whips、insolence、quietus

[e]：question、against、heartache、heir、consummation、death、
　　　respect、bear、oppressor's、bare

[æ]：that、arrows、natural、perchance、calamity、pangs

1-2　中舌母音の発音

[ə]：opposing、calámity、deláy、spurns、unworthy

[ʌ]：suffer、troubles、rub、shuffled

[a]：outrageous、arms、die、thousand、devoutly、ay、proud、quietus

1-3　後舌母音の発音

[u]：

[ou]：nobler、opposing、no、so

[ɑ/ɔ]：fortune、more、shocks、consummation、what、mortal、coil、
　　　pause、long、scorns、wrong、contumely、law's、office、bodkin

2　ゲルマン語の語順に注意しよう

　英語はゲルマン語を基盤としている。ゲルマン語は日本語と語順がほぼ
一致している。

And by opposing end them?

That patient merit of the unworthy takes,

When he himself might his quietus make

With a bare bodkin?

3　ピッチ・アクセントとストレス・アクセントで考える

　下降調のイントネーションを主語句、動詞句、副詞句につけ、脳で疑問
と解答を繰り返そう。日本語訳をする場合は、ストレス・アクセント（下
線部分）の部分をすぐに日本語に訳そう。

↑ To be, ↑ or not to be, ↑ that ↑ is the question:

↑ Whether ↑ 'tis nobler ↑ in the mind ↑ to suffer

The slings and arrows of outrageous fortune,

Or ↑ to take arms ↑ against a sea of troubles,

And ↑ by opposing ↑ end them? ↑ To die: ↑ to sleep;|

↑ No more; and ↑ by a sleep ↑ to say we ↑ end

The heart-ache and ↑ the thousand natural shocks

↑ That flesh ↑ is heir to, ↑ 'tis a consummation

↑ Devoutly to be wish'd. ↑ To die, ↑ to sleep;

↑ To sleep: ↑perchance to dream: ↑ ay, ↑ there's the rub;

For ↑ in that sleep of death ↑ what dreams ↑ may come

↑ When we ↑ have shuffled off this mortal coil,

↑ Must give us pause. ↑ there's the respect

That ↑ makes calamity ↑ of so long life;

For ↑ who ↑ would bear the whips and scorns ↑ of time,

↑ The oppressor's wrong, ↑ the proud man's contumely,

↑ The pangs of despis'd love, ↑ the law's delay,

↑ The insolence of office, and ↑ the spurns

That patient <u>merit</u> ↑ of the <u>unworthy</u> ↑ <u>takes</u>,

↑ When he <u>himself</u> ↑ might his <u>quietus</u> ↑ <u>make</u>

↑ With a bare <u>bodkin</u>?

3　旧世界の崩壊：ハムレットの苦悩とは何であったか？

　大きな疑問：歴史的悲劇は、ある社会の常識が破壊される変革から生じるのではないか。シェイクスピア時代のイギリスは、旧世界の崩壊する時代であった。信じてきた明確な世界を失うとき、人間は極めて不安定な精神状態に追い込まれ異常な行動をとる。自殺もそうした行動の一つではないだろうか。

3-1　旧世界の崩壊

　天動説の宇宙から地動説の宇宙へ（コペルニクス『天球の回転について』1543 年）。カトリック教会公認の世界観が崩壊し、天上界の存在が信じられなくなった。無神論の出現（クリストファー・マーロー『フォースタス博士の悲劇』1588 年）。安定した世界が崩れ始め人々の不安が社会的に増大した。

3-2　旧宗教の堕落

　教皇ユリウス 2 世（在位 1503 〜 13）が免罪符の販売によりペテロ大聖堂を再建。在職 35 年の間にただ一回だけミサをおこなった司祭。在職中一度もミサをおこなわなかった司祭。司祭や修道院長はもっぱら貴族だった。豊かな収入と宗教的地位は世俗的私欲、贅沢、不倫に費やされることも多かった。聖職者の結婚は普通。ラテン語のわからない司祭。オーバドルフの女子修道院は「貴族の娼館」と呼ばれた。教会への不信、背教、迷信、魔女信仰が一般的になり、カトリック教会は信仰の形骸化、浅薄化が進んでおり、その価値は地に落ちていた。

3-3　宗教戦争

　マルティン・ルター（1483 ～ 1546）が宗教改革を断行した。イギリスではヘンリー 8 世（在位 1509 ～ 1547）が宗教改革を断行。王妃キャサリンとの離婚を教皇に申し出る（1527）が教皇クレメンス 7 世はこれを拒否、ヘンリー 8 世はローマとの断絶を決意。アン・ブーリンと結婚（1533）し、教皇から破門される。国王至上令（Act of Supremacy）の議会通過（1534）によりローマから分離、英国国教会が誕生した。

　　息子エドワード 6 世（在位 1547 ～ 53）→ プロテスタント
　　王妃キャサリンとの娘メアリー 1 世（在位 1553 ～ 58）→ カトリック
　　アン・ブーリンとの娘エリザベス 1 世（在位 1558 ～ 1603）→ プロテスタント

第 10 回

学問とは何か？なぜ人間は学問をするのか：
Schoolboys (p. 22.)、*Love's Labour's Lost*, **I. i.** より

1 ストレス・アクセントのある母音の発音練習

1-1 前舌母音の発音

[i]：d<u>ee</u>p、cont<u>i</u>nual、th<u>e</u>se、g<u>i</u>ve、f<u>i</u>xed

[e]：h<u>ea</u>vy、h<u>ea</u>ven's、n<u>a</u>me、f<u>a</u>me

[æ]：h<u>a</u>ve

1-2 中舌母音の発音

[ə]：s<u>ea</u>rch'd、<u>ea</u>rthly

[ʌ]：l<u>o</u>ve、st<u>u</u>dy、s<u>u</u>n、w<u>o</u>n、<u>o</u>ther's、m<u>u</u>ch

[a]：godf<u>a</u>thers、l<u>i</u>ghts、st<u>a</u>r、sh<u>i</u>ning、n<u>i</u>ghts

1-3 後舌母音の発音

[u]：sch<u>oo</u>lboys、b<u>oo</u>ks、l<u>oo</u>ks、t<u>oo</u>

[ou]：g<u>o</u>es、n<u>o</u>、th<u>o</u>se、kn<u>ow</u>

[ɑ/ɔ]：tow<u>a</u>rd、gl<u>o</u>rious、s<u>au</u>cy、sm<u>a</u>ll、pl<u>o</u>dders、auth<u>o</u>rity、
　　　godf<u>a</u>thers、m<u>o</u>re、pr<u>o</u>fit、w<u>a</u>lk、w<u>o</u>t、n<u>ou</u>ght

2 ピッチ・アクセントとストレス・アクセントで考える

　下降調のイントネーションを主語句、動詞句、副詞句につけ、ストレス・
アクセント（下線部分）の部分をすぐに日本語に訳す練習をしてみよう。

↑ <u>Love</u> ↑ goes toward <u>love</u>, ↑ as <u>schoolboys</u> ↑ from their <u>books</u>,

But ↑ <u>love</u> ↑ from <u>love</u>, ↑ toward <u>school</u> ↑ with heavy <u>looks</u>.

↑ Study ↑ is like the heaven's glorious <u>sun</u>

That ↑ will not be deep <u>search'd</u> ↑ with saucy <u>looks</u>,

↑ <u>Small</u> ↑ have continual <u>plodders</u> ↑ ever <u>won</u>,

↑ Save base <u>authority</u> ↑ from others' <u>books</u>.

3 ドイツ語の V2 語順

ドイツ語の動詞・助動詞には「定形」と「不定形（不定詞）」がある。主語に応じて変化した動詞・助動詞の形を「定形」、変化する前の形を「不定形（不定詞）」という。

不定形 sein「～である」	不定形 haben「～を持つ、持っている」
Ich bin（I am）　　　 Wir sind（We are）	Ich habe（I have）Wir haben（We have）
Du bist（You are）	Du hast（You have）
Er ist（He is）	Er hat（He has）
Sie ist（She is）	Sie hat（She has）
Es ist（It is）	Es hat（It has）

V2 語順：定形の動詞・助動詞は文中でつねに二番目の位置に置かれます。平叙文では、主語以外の要素を文頭一番目の位置に置き強調することができるが、動詞が必ず二番目に置かれる。英語はこのドイツ語の性質を基盤とし語順が変化することがある。

Small <u>have</u> continual plodders ever won,

4 旧世界における学問の意味

大きな疑問：人間はなぜ学問をし、学問を通して何を理解しようとして

いるのか。旧世界では学問の目的は明確であった。それにはどのような価値があったのだろうか。

4-1　学問とは何か

(1) パウロ神学：人間の堕落とは人間が<u>自分自身に対する本当の知識を喪失した</u>ことである。

(2) プラトンのイデア論：イデアから離れると<u>不完全なものになる</u>。

(3) ネオプラトニズムの教義：詩とは堕落した自我を超越し完全さに達しようとする人間の努力である。

4-2　学問の必要性

　天使は<u>自分自身を知っており</u>、罪がなく完全に満足していて、上の天使を妬んだりしない。人間は完全性（perfection）を感知し、それに向かって自分を高めるために学問を必要とする。人間は天使のように初めから自分自身を知ることはできない。

4-3　学問の目的

　学問の目的は、「汝自身を知れ」（Know thyself）という点にあり、自分自身を知らないということは人間がむしろ獣に似ている段階にあることを示し、教養のない人々（uneducated people）と見做された。

4-4　完全なるものの象徴

　「太陽」は完全なる存在、つまり「神の象徴」であった。錬金術では黄金が完全性、つまり神を象徴していた。人間は自分自身の内に天使も悪魔も神も存在していることに気づくとき完全なる存在になれるのではないだろうか。そして、それに気づく前の自分と気づいた後の自分では何かが違ってくるのではないだろうか。

5 今の私たちにとって学問とは何であろうか

5-1 心理的空しさに気づくことが学問の動機?

愛や孤独、男と女、陰と陽、プラスとマイナス、善と悪など、人間は二律背反的に存在している。その二つの要素の一方に偏る生き方を強いられると、他の要素を欠き完全性が損なわれ「空しい」という感情が生じる（ユングの精神分析における元型の考え方）。

5-2 人間の自律神経の仕組みと作用を理解

交感神経の緊張：生命活動を活性化させるが、過剰になると病気の症状が出てくる。

副交感神経の緊張：体の緊張を緩和し免疫力を高める。

中枢神経の働き：交感神経と副交感神経のバランスを取り健康を維持している。

結論：自律神経という現象から人間性を理解する

自律神経系から理解される人間の完全性とはバランスが取れている状態。自分自身を知るとは完全性に気づくこと。学問とは完全性を理解しようとする活動。

第 11 回

錬金術の世界：
"Sonnet No.18 " (p. 114.)

1　ストレス・アクセントのある母音の発音練習

1-1　前舌母音の発音

[i]：w<u>i</u>nds、d<u>i</u>mm'd、untr<u>i</u>mm'd、

　[i:] th<u>ee</u>、l<u>ea</u>se、br<u>ea</u>the

[e]：t<u>e</u>mperate、compl<u>e</u>xion、poss<u>e</u>ssion

　[ei] ch<u>a</u>nging、f<u>a</u>de

　[eə] comp<u>are</u>、

[æ]：ch<u>a</u>nce、th<u>a</u>t、br<u>ag</u>

1-2　中舌母音の発音

[ə]：témp<u>e</u>r<u>a</u>te、compléx<u>ion</u>、poss<u>e</u>ssi<u>on</u>、c<u>a</u>n

　[ə:] et<u>e</u>rnal

[ʌ]：s<u>u</u>mmer's、l<u>o</u>vely、r<u>ou</u>gh、b<u>u</u>ds、s<u>o</u>metime

[a]：短母音としては発音されない

　[a:] <u>ar</u>t、d<u>ar</u>ling、

　[ai] <u>eye</u>、decl<u>i</u>nes、th<u>y</u>

　[au] th<u>ou</u>

1-3　後舌母音の発音

[u]：

　[u:] t<u>oo</u>、l<u>o</u>se

[o] 短母音としては発音されない

[ou]：gold、ow'st、grow'st

[ɑ/ɔ]：hot、often、wand'rest、long

[ɔ:] short、course

2　ピッチ・アクセントとストレス・アクセントで考える

　下降調のイントネーションを主語句、動詞句、副詞句につけ、ピッチとストレスの繰り返しにより脳内で疑問と解答を繰り返そう。日本語に訳す場合は、ストレス・アクセント（下線部分）の部分を先に日本語に訳そう。

Shall I↑compare thee↑to a summer's day?

Thou↑art more lovely↑and more temperate:

But↑thy eternal summer↑shall not fade,

Nor↑lose possession↑of that fair↑thou↑ow'st,

Nor↑shall Death↑brag↑thou↑wand'rest in his shade,

When↑in eternal lines↑to time↑thou↑grow'st.

↑So long↑as men↑can breathe,↑or eyes↑can see,

↑So long↑lives this,↑and this↑gives life to thee.

3　シェイクスピアにおける錬金術の世界

　前提：西洋の錬金術は旧世界では哲学であり科学でもあった。それは、また、神智学（現代では「エソテリシズム」ともいう）という宗教でもあった。シェイクスピアの時代は実際に錬金術師（John Dee, 1527-1608 or 9）が存在していたし、その思想はシェイクスピアにも影響を与えていたと考えられる。

3-1　天動説の世界

（1）月下界のすべての物質は「四大元素」（The four elements）（土、水、

風、火）でできている

(2) 月下界では四大元素の混合が不完全

(3) 天上界は第五元素から成り完全で永遠不滅

(4)「第五元素」は四大元素の完全なる調和によって変容した物質

(5) 天使は第五元素でできている

3-2　神秘主義思想

(1) 神智学（Theosophy）：あらゆる対立を否定し神を直観する

(2) あらゆる対立物の完全なる調和を探求

(3) 神はあらゆる対立物の完全なる調和である

3-3　ヘルメス哲学

(1)「エメラルド板」に書かれた哲学：第一質料を探求する理論的背景

(2)「ヘルメス・トリスメギストス」が錬金術の始祖といわれている

(3) 物質の原一性を表現している

(4)「ウロボロス（自分の尻尾を噛む蛇）」：第一質料。完全、永遠の象徴

3-4　錬金術（Alchemy）（ヘルメス哲学の実践）

(1) この世で第一質料である「第五元素を抽出」するのが目的

(2) 賢者の石（The philosopher's stone）

(3) 万能薬（The Elixir）

(4)「金」（Gold）は完全なる金属の象徴であり、卑金属は不健康な金属であると考えられていた。卑金属は賢者の石や万能薬により健康をとりもどし金に変容すると考えられていた。

(5) 人間に応用すると健康をとりもどし「不老不死」になると考えられていた。

4 'Temperate' はなぜ「おだやかな」という意味になるのか

4-1 ユーモアズ（四つの体液）

OED の 'humours' の説明：In ancient and mediaeval physiology, one of the four chief fluids (cardinal humours) of the body (blood, phlegm, choler and melancholy or black choler), by the relative proportions of which a person's physical and mental qualities and disposition were held to be determined.（古代、中世の生理学で、身体の四つの主要な液体（基本体液）（血液、粘液、胆汁、黒胆汁）の一つ、それら体液の相対的割合で、人の生理的、精神的性質、気質が決定されると考えられていた。）

4-2 OED の 'temperature' の説明

The combination of 'humours' in the body; also, the bodily habit or constitution attributed to this; =Temperament6.

4-3 OED の 'temperate' の説明

（人に関して）keeping due measure、self-restrained、moderate

（天気、気候に関して）moderate in respect of warmth、neither too hot nor too cold

結論

英語圏文学で最も有名なシェイクスピアの「ソネット 18 番」は、美の永遠性を錬金術の比喩によって表現している。

第 12 回

愛と友情の文学：
"Sonnet 105" (p. 124.)

1　ストレス・アクセントのある母音の発音練習

1-1　前舌母音の発音

[i]：s<u>i</u>nce、st<u>i</u>ll、<u>i</u>s、th<u>i</u>ng、d<u>i</u>fference、th<u>i</u>s、l<u>i</u>v'd

　[i:] b<u>e</u>、l<u>ea</u>ves、th<u>e</u>mes、thr<u>ee</u>、s<u>ea</u>t

[e]：l<u>e</u>t、<u>e</u>ver、<u>e</u>xcellence、expr<u>e</u>ssing、inv<u>e</u>ntion

　[ei] pr<u>ai</u>ses、to-d<u>ay</u>、

　[eə] th<u>e</u>refore、f<u>ai</u>r、v<u>a</u>rying

[æ]：

1-2　中舌母音の発音

[ə]：idol<u>a</u>try、b<u>e</u>loved、<u>a</u>like、t<u>o</u>、<u>o</u>f、const<u>a</u>nt、wondr<u>ou</u>s、exc<u>e</u>ll<u>e</u>nce、

　const<u>a</u>ncy、c<u>o</u>nfin'd

　[ə:] v<u>er</u>se

[ʌ]：l<u>o</u>ve、<u>o</u>ne、s<u>u</u>ch、w<u>o</u>ndrous、<u>o</u>ther

[a]：短母音として発音されない

　[a:] <u>a</u>rgument

　[ai] <u>i</u>dolatry、<u>i</u>dol、al<u>i</u>ke、k<u>i</u>nd、confi<u>n</u>'d

　[au] now

[u]：

　[u:] tr<u>ue</u>

[o]：短母音としては発音されない

　[ou] sh<u>ow</u>、s<u>o</u>、sc<u>o</u>pe、al<u>o</u>ne

[ɑ/ɔ]：n<u>o</u>t、id<u>o</u>latry、s<u>o</u>ngs、to-m<u>o</u>rrow、c<u>o</u>nstant、c<u>o</u>nstancy、<u>o</u>ften

　[ɔ:] c<u>a</u>ll'd、n<u>or</u>、aff<u>ord</u>s

2　ピッチ・アクセントとストレス・アクセントで考える

　下降調のイントネーションを主語句、動詞句、副詞句につけ、ストレス・アクセント（下線部分）の部分をすぐに日本語に訳そう。

↑ Let not <u>my love</u> ↑ be call'd <u>idolatry</u>

↑ Nor <u>my beloved</u> ↑ as <u>an idol</u> ↑ <u>show</u>

↑ <u>Kind</u> ↑ is my love <u>to-day</u>, ↑ <u>to-morrow</u> ↑ <u>kind</u>,

↑ Therefore <u>my verse</u>, ↑ to <u>constancy</u> ↑ <u>confin'd</u>,

↑ One thing <u>expressing</u>, ↑ leaves out <u>difference</u>.

↑ "<u>Fair</u>," ↑ "<u>kind</u>,"and ↑ "<u>true</u>," ↑ is all <u>my argument</u>

↑ And in <u>this change</u> ↑ is <u>my invention</u> ↑ <u>spent</u>.

3　イエス・キリストの愛と友情

3-1　St. John 15:12-21 （「聖ヨハネ福音書」第 15 章 12 節～ 21 節）

　12 This is my commandment, That ye love one another, as I have loved you.

　13 Greater love hath no man than this, that a man lay down his life for his friends.

　14 Ye are my friends, if ye do whatsoever I command you.

　15 Henceforth I call you not servants; for the servant knoweth not what his lord doeth: but I have called you friends; for all things that I have heard

of my Father I have made known unto you.

16 Ye have not chosen me, but I have chosen you, and ordained you, that ye
   should go and bring forth fruit, and that your fruit should remain; that
   whatsoever ye shall ask of the Father in my name, he may give it you.

17 These things I command you, that ye love one another.

18 If the world hate you, ye know that it hated me before it hated you.

19 If ye were of the world, the world would love his own; but because ye are
   not of the world, but I have chosen you out of the world, therefore the
   world hateth you.

20 Remember the word that I said unto you, The servant is not greater than
   his lord. If they have persecuted me, they will also persecute you; if they
   have kept my saying, they will keep yours also.

21 But all these things will they do unto you for my name's sake, because
   they know not him that sent me.

3-2　St. Matthew 23:23（「聖マタイ福音書」第23章23節）

Woe unto you, scribes and Pharisees, hypocrites! for ye pay tithe of mint
and anise and cummin, and have omitted the weightier matters of the law,
judgment, mercy, and faith: these ought ye to have done, and not to leave the
other undone.

4　『ジュネーヴ聖書』が与えた影響

　『ジュネーヴ聖書』（英語：*Geneva Bible*）は、16世紀の英語訳聖書である。
初版は1560年に発行され、『欽定訳聖書』より約50年先行する。『ジュネー
ヴ聖書』は宗教改革期プロテスタント運動における主要な聖書で、ウィ
リアム・シェイクスピア、ジョン・ミルトンらによって用いられた。メ
イフラワー号に乗ったピルグリム・ファーザーズによりアメリカ大陸へ
もたらされた聖書のうちの一冊であり、英国においては多くのピューリ
タンに読まれた。『ジュネーヴ聖書』が重要であるとされる要因は、一つ

に大量印刷技術により一般市民が直接手に取ることができるようになり、結果広く流布したことによる。

5　支配と服従が人間を病気にする

　支配と服従を基盤とする「本音を言えない人間関係（＝支配服従関係）」のある環境では、不安や怒りや失望という感情が生じ、ストレスホルモンを恒常的に分泌させる。

　(1) 感情の抑圧がストレスを生じさせる。

　私たちは、不安や怒りや悲しみや失望といった感情をぐっと堪えて抑圧する傾向がある。

　(2) 日本人の「良い人」像は波風を立てない人。和が大切。

　(3) 表現を許されず無意識に抑圧した感情がストレスホルモンを分泌させる。

　(4) ストレスホルモンの影響が症状として出てくると自律神経失調症が発症する。

第 13 回

シェイクスピア英語朗読健康法

　腹式呼吸で息を吸い、腹筋に力を入れて、リズムよく英語を発音することが優れた健康法となる。

1　ストレスホルモンと自律神経失調症

1-1　ストレスホルモンの作用

(1) ノルアドレナリン（怒りのホルモン）：血管収縮、血圧上昇、<u>不眠</u>（覚醒ホルモン）

(2) アドレナリン（不安のホルモン）：動悸、高血圧、高血糖、<u>消化器官の収縮</u>

(3) コルチゾール（失望のホルモン）：<u>免疫力低下</u>、<u>海馬の神経細胞死滅</u>

1-2　自律神経失調症

(1) 不眠、動悸、高血圧、高血糖、頭痛、肩凝り、めまい、耳鳴り（メニエール病）

(2) 便秘、下痢、胃痛、腹痛

(3) 風邪、気管支喘息、じんましん、口内炎、潰瘍、癌、認知症

2　ストレスホルモン分泌と人間関係の関連性

　支配と服従を基盤とする「本音を言えない人間関係（＝支配服従関係）」のある環境では、不安や怒りや失望という感情が生じ、ストレスホルモンを恒常的に分泌させる。

2-1　感情の抑圧がストレスを生じさせる

　私たちは、不安や怒りや悲しみや失望といった感情をぐっと堪えて抑圧する傾向がある。

2-2　日本人の「良い人」像は波風を立てない人。和が大切

（1）表現を許されず無意識に抑圧した感情がストレスホルモンを分泌させる。

（2）ストレスホルモンの影響が症状として出てくると自律神経失調症が発症する。

3　メンタルヘルス対策：自己開示と腹式呼吸の重要性

　前提：安心して本音を言える人間関係を通して相互理解が成立すると安心感、楽しさ、嬉しさを感じることができる。この明るい感情により副交感神経が活性化し、ストレスホルモンが抑制され、自律神経のバランスが正常に戻る。

3-1　自己開示でストレスホルモンを減少させる

（1）自己開示とは本当の気持ちを話すこと（安心していられる人間関係を必要とする）。

（2）安心できる人間関係がセロトニンの分泌を促す。

（3）セロトニン（神経伝達物質）：血管の収縮を緩和、消化器官の収縮を緩和

（4）自己開示により抑圧された感情を解き放ちストレスホルモンを抑制させる。

3-2　腹式呼吸でストレスホルモンを減少させる
（マインドフルネスの医学的根拠）

（1）腹式呼吸で副交感神経を活性化し、セロトニンとドーパミンを

分泌させられる。

＊ドーパミン（神経伝達物質、快適ホルモン）：運動機能の活性化、血行の促進

(2) 腹式呼吸の方法

＊お臍あたりの腹筋を膨らませて息を吸い、収縮させて息を吐く。腹筋の収縮を緩ませ楽に息を吸う。（丹田式呼吸法）

＊息を吸ってから、腹筋に力を入れて発話すると通る声がでる。（笑いとの共通点）。

＊意識して腹式呼吸をし、発話するとセロトニンの効果により冷静に話せる。

(3) 自己主張は腹式呼吸で

＊自己主張とは相手を批判せずに「事実を冷静に語る」こと。

＊相手の負の感情（不安、怒り、失望）に合わせない。

4　英語にリズムをつけて発音しよう

腹式呼吸による発声がリズム運動を生じさせセロトニンの分泌を促しストレスホルモンを抑制する。また腹筋運動によるドーパミンの分泌が血行を促進する。

4-1　強勢（アクセント）のある母音をお腹に力を入れて
長めに発音しよう。強勢のない母音（弱母音）は短めに発音しよう

4-2　子音の役割は母音の発音を止めること

4-3　子音と母音の連続を意識して発音する

4-4　子音と子音の連続を意識して発音する

結論：英語の発音は楽しい祭り囃子だ

　腹式呼吸を実践し「ピーヒャラ・ピーヒャラ・ピーヒャラドン」のイントネーションとリズムで自律神経失調症を予防しよう。

　以上、15回の授業のうち13回を事例として資料提供しました。シェイクスピアを原語で読み、シェイクスピアの英語で英語教育をしていただければと願っています。

あとがき

　私が恩師荒井良雄先生を知ったのは、もう 50 年以上前、『百万人の英語』というラジオ番組でした。先生は映画の台詞で英語を学ぶという画期的な方法で土曜日の講座を担当していました。ラジオから響いてくる彼の英語はネイティヴ並で、「すごい」の一言でした。どうせ大学で英語を学ぶならこの先生のいる大学に行きたいという気持が募り、学習院大学文学部イギリス文学科に入学することができました。

　入学後すぐに荒井先生に会えると思っていたら、そのとき先生はイギリスに留学していて不在でした。先生は、イギリスでシェイクスピア演劇の名優サー・ジョン・ギルグッドから直接シェイクスピアの朗読法を学ばれていました。私は、先生が学生時代に創設されたイギリス文学科所属の「シェイクスピア劇研究会」と「パブリック・スピーキング研究会」に所属し、シェイクスピアの原語上演や英詩の朗読を先輩たちから学び彼の帰国を待ちました。

　先生の帰国後、私はさっそく彼が担当していた「シェイクスピア演習」を受講しました。その第一回の授業で雷に打たれたようなショックを受けました。彼はハムレットの独白を役者のように英語で朗読して見せたのです。『ハムレット』の英語はすべて暗記しているというのです。この英語の天才に出会ったことが私の人生を決定づけました。その後、私は荒井先生が 79 歳で逝去されるまで先生の背中を見ていつも追いかけてきました。

　荒井教授は学習院大学で教鞭をとられている時代に、学科の他の教授たちから批判される一面がありました。それは、「荒井さんは英会話の先生だから」という批判でした。当時『百万人の英語』では映画で英語を教え

ていたり、『シネマ英会話』等の著書を多数出版していたからでしょう。イギリス文学科では英会話を見下す風潮がありました。しかし、学生にとっては、英会話もできる、シェイクスピアの台詞もイギリス人役者のように朗読してしまう教授は憧れの的でした。荒井先生のようになりたいという気持が私の人生を導いてくれました。

　先生は一介の学生である私をいつも平等に扱ってくれました。先生から学んだ一番の哲学は自由な生き方でした。1989年のアメリカ映画『今を生きる』でキーティング先生が生徒たちに発する言葉ではないですが、「カルペ・ディエム」の人生でした。ですから、私は英文学研究の常道から外れ自分なりの自由な研究課題に取り組むことができました。その課題は、「なぜ私は英会話ができないのか」という嘘偽りのない問いでした。私はシェイクスピア劇の登場人物を英語で演じていました。英語でしゃべっているのに、本当は英会話がネイティヴのように話せなかったのです。教員免許状を取得してしまった私の恐怖は、生徒たちに「先生、英語がしゃべれないの？」という批判を浴びることでした。私が大学院に進学したのは英会話ができるようになるまでの猶予期間を得るためでした。幸い神様が哀れに思ってくださったのか、当時ベルリッツで講師をなさっていたご高齢のイギリス人教師レズリー・ヒル氏に個人教授を受けることができました。ヒルさんは、私のカタカナ英語を修正する発音上の諸ルールをわかりやすく教えてくれました。また、実践的な英語文法や慣用句の使い方を伝授してくれました。彼はイギリス人の生き方も教えてくださり、まさに異文化コミュニケーションを体験しました。彼のお陰で、教室で英語の発音と文法を教える実用英語の基本が身につきました。短大就職後は、わからないことを学生から質問されたら、学生たちと一緒に研究すればよいという覚悟で長年英語教師を務めることができました。

　この本の出版に当たっては、英会話もシェイクスピアも英語で楽しむという荒井先生と私の英語教育への夢を実現するために、本当に多くの諸先生や諸先輩、友人たちの支えがありました。とくに、学習院女子大学で英語の発音とシェイクスピアを指導している古庄信教授にはお世話になりました。彼は「シェイクスピア劇研究会」の後輩でともに舞台に立ったこと

を思い出します。その他、お名前は列記しませんが私の心に残るすべての方たちに心から感謝を申し上げます。

　アメリカのドラマ『SHOGUN』で全米を感嘆させている真田広之さんは、1999 年にロイヤル・シェイクスピア・劇団に招かれ『リア王』の道化を演じました。演出は蜷川幸雄さんでしたが、真田さんはイギリス人俳優たちとともにシェイクスピアの英語で見事に道化を演じました。それからの真田さんのハリウッドでの活躍は誰もが知るところです。彼のアメリカでの活躍はシェイクスピアを原語で演じるという勇気ある決断から始まりました。私にとって、もちろん真田さんは雲の上の存在ですが、シェイクスピアを原語で演じてくださったことに心から感謝しています。荒井先生も天国で絶賛しておられることでしょう。

　最後になりましたが、小鳥遊書房の高梨治氏には言葉では言い表せない感謝の気持で一杯です。マクベスではないですが、跳び乗っても反対側に落ちそうな野心を支えてくださり、日本の英語教育に貢献したいという恩師と私の夢を応援してくださったことに心から感謝申し上げます。鷹がいないので小鳥たちが安心して遊べるという意味の小鳥遊（たかなし）書房という社名からシェイクスピアの優しさを感じました。

2024 年 5 月

清水英之

【著者】

清水 英之
（しみず　ひでゆき）

1952 年栃木県足利市生まれ。
学習院大学大学院イギリス文学専攻博士課程満期退学（文学修士）。
元静岡英和女学院短期大学教授・静岡英和学院大学教授。
元学習院女子大学非常勤講師。

著書：『英詩朗読の研究——英文学研究と英語教育の融合』（単著、近代文藝社、1996）、
『シェイクスピア大事典』（共著、日本図書センター、2002）、
『英語音声表現法・日本語編』（共著、英潮社、2007）、
『シェイクスピア名セリフ集』（共著、朝日出版社、2013）、
『文学と歴史の曲がり角』（共著、英光社、2014）。

論文：「ジョン・ダンと『2001 年宇宙の旅』」
（『静岡英和学院大学・同短期大学部紀要第 6 号』、2008）、
その他イギリス文学関係の論文 44 編。

翻訳：テリー・イーグルトン『マルクス主義と文芸批評』（共訳、国書刊行会、1987）、
フィリップ・バーナード『保健医療職のための伝わる技術、伝える技術』
（共訳、医学書院、2005）、
テリー・イーグルトン『人生の意味とは何か』（共訳、彩流社、2013）、
ハロルド・ブルーム『影響の解剖』（共訳、小鳥遊書房、2023）。

英語発音とシェイクスピア
作品を原語で朗読したい人たちへ

2024 年 7 月 9 日　第 1 刷発行

【著者】
清水英之
©Hideyuki Shimizu, 2024, Printed in Japan

発行者：高梨 治
発行所：株式会社小鳥遊書房
〒 102-0071　東京都千代田区富士見 1-7-6-5F
電話 03-6265- 4910（代表）／ FAX　03 -6265- 4902
https://www.tkns-shobou.co.jp
info@tkns-shobou.co.jp

装幀　鳴田小夜子（KOGUMA OFFICE）
印刷　モリモト印刷株式会社
製本　株式会社村上製本所

ISBN978-4-86780-051-5　C0082